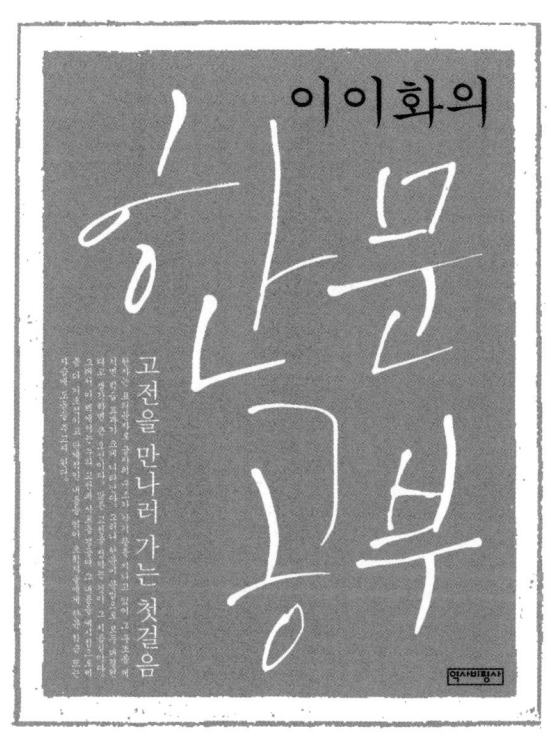

이이화의

한문공부

고전을 만나러 가는 첫걸음

역사비평사

이이화의 한문공부

1판 16쇄 발행 2022년 11월 16일
1판 1쇄 발행 2009년 1월 20일

지은이 이이화
펴낸이 정순구
책임 편집 엄귀영 류덕형
기획 편집 조원식 정윤경 조수정
디자인 구화정
마케팅 황주영

출력 블루엔
용지 한서지업사
인쇄 한영문화사
제본 한영제책사

펴낸곳 역사비평사
출판등록 제300-2007-139호(2007. 9. 20)
주소 10497 경기도 고양시 덕양구 화중로 100(비전타워 21), 506호
전화 02-741-6123~5
팩스 02-741-6126
홈페이지 www.yukbi.com
전자우편 yukbi88@naver.com

ⓒ 이이화, 2009
ISBN 978-89-7696-275-1 03700

이 도서의 국립중앙도서관 출판시도서목록(CIP)은 e-CIP 홈페이지 (http://www.nl.go.kr/cip.php)에서
이용하실 수 있습니다.(CIP 제어번호 : CIP2009000060)

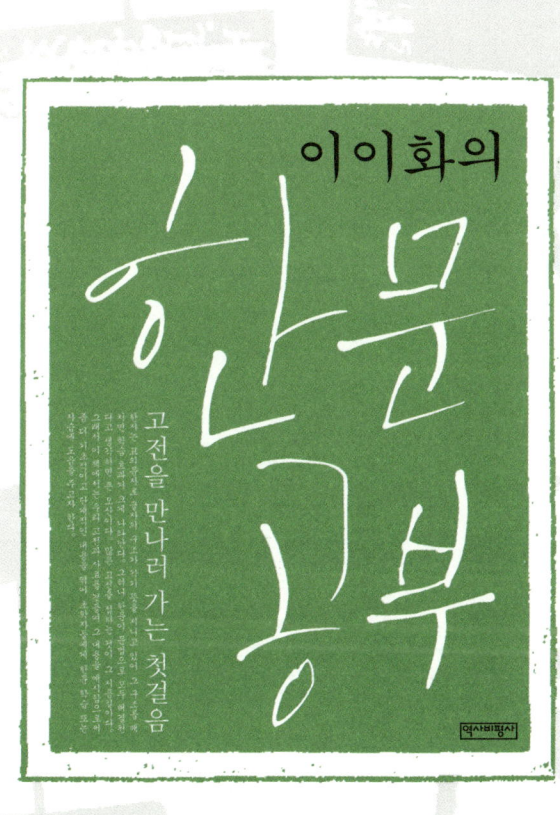

이이화의

한문 공부

고전을 만나러 가는 첫걸음

역사비평사

한문 공부의 길잡이

근래 들어 한자 또는 한문을 익히려는 풍조가 다시 일어나고 있다. 이제 막 학습을 시작하는 어린이, 한국학을 연구하려는 학생, 동양 고전의 소양을 기르려는 사람, 그리고 실용을 추구하는 공무원·외교관·사업가 등이 한문에 관심을 보이고 있는 것이다. 이런 풍조는 경제 성장으로 세계에 부상한 중국의 영향을 받기도 했을 테고, 일본과 활발한 교류를 하면서 일본어의 중심이 되는 한자의 필요성을 절감한 탓이기도 할 것이다.

필자가 어려서 한자나 한문을 배울 적에는 무조건 익히고 외웠다. 글자의 구조나 문법을 배운 적이 없다. 그저 읽고 쓰면 되는 줄로 알았다. 이런 학습 방법은 아주 비능률적이고 효과가 더디게 나타난다는 사실을 뒤늦게야 알았다.

한문에도 예전부터 『설문해자說文解字』 같은 문자학文字學 관계의 책이 없었던 것은 아니다. 그러나 이런 문자학 또는 문법을 배우기보다 곧바로 경서經書 중심의 한문을 익히고, 그것을 토대로 원전原典을 해석하고 작문을 하게 했던 것이다.

어느 문자라도 일정한 구조와 법칙이 있게 마련이다. 이것은 문자의 가장 기본 요건이 될 것이다. 한문에도 분명히 이 기본 요건이 갖추어져 있음은 말할 나위도 없다. 더욱이 한문은 세계에서 가장 오래된 문자의 하나이다.

영어·불어·독일어 등 유럽어들은 문법을 아주 중시한다. 그렇다고 해서 그 언어를 익히는 데 문법에만 매달려야 한다는 뜻은 아니다. 그러나 최소한도의 문법 지식은 언어를 익히는 데 필요조건이 될 것이다.

이런 유럽어들이 한자문화권에 들어오게 되자, 자연히 한문의 문법에도 관심을 기울이게 되었다. 특히 한문의 발생지인 중국을 비롯해 일본 등지에서 한문 문법에 주목하게 되었다. 이것이 한문을 상용하는 경우는 물론 외국인이 한문을 익히는 데 효과적임을 알게 된 것이다. 그리하여 중국과 일본에서 한문 문법을 정리하게 되었고, 우리나라에서도 이에 따라 언어학자 또는 한문학자들이 한문 문법에 관심을 기울였다.

한문 문법은 주어+술어+보어(또는 목적어) 등 문장의 기본 구조가 영어 등 유럽어와 아주 비슷하다. 그런데 한자문화권으로 한자 또는 한문의 영향을 많이 받은 한국어와 일본어와는 서술의 순서 등 그 문장 구조가 사뭇 다르다.

근대 이후 한문 문법은 상당히 깊이 있고 조리 있게 연구되었다. 필자가 이때 힘입어 한문을 가르치면서 한문의 기본 문법을 학습시키면 그 효과가 큼을 알았다. 특히 한자는 표의문자表意文字여서 글자의 구조가 각기 뜻을 지니고 있기에 구조를 가르치면 학습 효과가 크게 나타난다.

그동안 국내에도 이와 관련된 저서들이 많이 나왔다. 그런데 이들 고급 단계의 한문 책 내용이 너무 전공학자 위주로 짜여 있거나 예문이 중국의 경서 위주로 제시되어 있는 것이 많았다. 우리 고전이나 사료를 곁들여 그 내용을 예시하는 한문책을 내야 한다는 요청이 많았다. 그리고 좀 더 기초적이고 단계적인 내용을 엮어 초학자들에게 한문 학습 또는 자습에 도움을 주어야 한다는 요구도 있었다.

그래서 이를 우리 현실에 맞게 정리할 필요성을 느꼈다. 그러나 필자는 문자학이나 한문학을 전공한 학자는 아니다. 다만 국사학도國史學徒로서 우리의 사료가 모두 한문으로 되어 있어서 이를 독해하는 데 한문 지식이 필요함을 절감했을 뿐이다.

이에 필자는 주제넘게도 한문 문법을 정리하는 작업에 착수하여 국내외의 여러 저술을 참고해 『한문강좌』(한길사)라는 이름으로 1988년에 간행했다. 이를 토대로 다시 새로운 경향에 맞추어 수정·보완해 이번에 『한문공부』를 간행하게 되었다.

이 책은 다음과 같은 단계로 구성되어 있다. 첫째 입문편이다. 여기에는 한자의 기원에서부터 변천·짜임새·특성 등을 담았다. 둘째 기초편이다. 단어와 문장의 구성·어순·생략·현토懸吐 등을 담았다. 셋째 문법편이다. 여기에는 기본 품사品詞와 문형文型 등을 담았다. 넷째는 응용편이다. 우리나라와 중국의 고전과 사료에서 여러 유형의 글을 뽑아 제시했다. 다섯째 실제편이다. 여기에는 기초적인 한시와 명문을 추려 고전의 맛을 보이려 했다.

한편 전체로 자전 찾기, 필순 익히기, 고사성어 등 한문 문자생활에 필요한 기초 사항을 군데군데 수록해 초학자에게 '가이드 북' 노릇을 하게 했다. 또 이해를 돕기 위해 필요한 대목에 영어와 비교하는 서술을 시도하기도 했다.

이 책이 한자와 한문의 기본을 알고 익히려는 독자에게 도움이 되기를 바란다. 그리고 동양 고전 또는 한국학을 전공하려는 학도에게 길잡이가 되어주리라 믿는다.

첫 판이 간행된 뒤 오자와 표현의 부정확, 해답을 알려주는 숫자 표시 등에 오식이 보여 다시 바로잡아 수정 간행하였음을 밝혀두면서, 독자의 양해를 구한다.

2009년 6월

임진강 가의 서실에서 이이화

서문

1장 입문 入門 : 한자의 기본 지식

2장 기초基礎: 한문의 이해

3장 문법文法(1): 품사品詞

4장 문법文法(2): 문형文型

5장 응용應用: 고전 읽기(1)

6장 실제實際: 고전 읽기(2)

1장

입문入門

한자의 기본 지식

1. 한자의 기원과 전래

❶ 한자 기원설

한자는 지금으로부터 약 3000년 내지 5000년 전에 중국에서 한족漢族에 의해 만들어졌다. 중국 고대 황제黃帝* 때의 사관史官 창힐蒼頡*이 새 발자국을 보고 만들었다고 전해지고 있으나, 이것은 하나의 전설에 지나지 않는다고 볼 수 있다. 한자는 다른 고대문자의 기원이 그러하듯이 회화繪畵에서 출발하였다.

*황제黃帝 중국 고대의 전설적인 제왕. 기원전 2700년경에 중국을 통일하여 문물제도를 확립하였다고 한다. 복희씨 伏羲氏, 신농씨神農氏와 함께 삼황三皇이라 불린다.
*창힐蒼頡 황제黃帝의 신하로서 황하변黃河邊의 새 발자국을 보고 한자를 처음 만들었다고 전해진다.

고대 상형문자

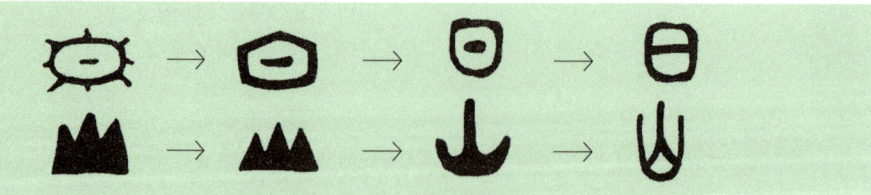

❷ 자체字體의 변천

은허殷墟*에서 발견된 갑골문자甲骨文字*나 주周나라 때의 금문金文*은 오늘날 우리가 사용하고 있는 한자의 원형이라고 볼 수 있다. 고대 이집트의 상형문자象形文字에서 보듯이, 한자의 원형도 회화적인 특징을 갖는다. 아래의 변천 과정을 살펴보자.

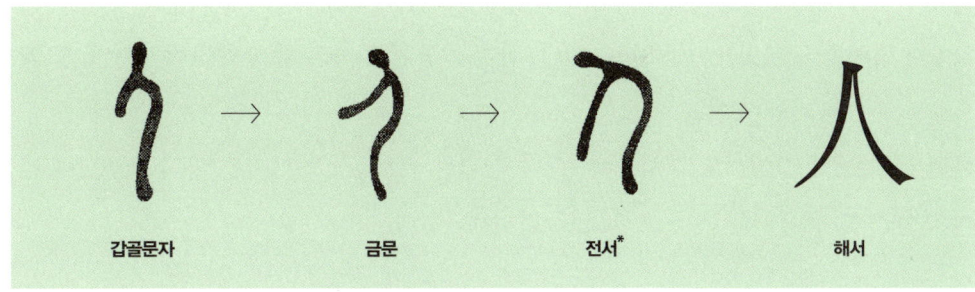

| 갑골문자 | 금문 | 전서* | 해서 |

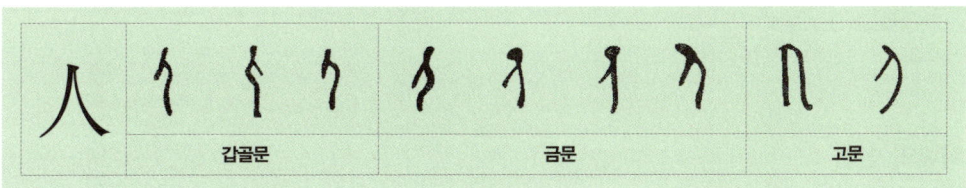

| | 갑골문 | 금문 | 고문 |

한자에서 자체字體의 변천 과정은 '그림에서 기호記號로' 발전해나가는 과정이라고 할 수 있다.

*은허殷墟	중국 하남성河南省에서 발견된 은殷나라 때의 유적이다.
*갑골문자甲骨文字	중국 하남성의 은허에서 발견된 고대 중국의 상형문자. 거북의 껍질이나 짐승의 뼈에 점복占卜에 관한 기록을 새긴 것이다.
*금문金文	고대 중국에서 동기銅器와 같은 금속에 새겨놓은 글자를 말하는 것으로서 금석문자金石文字라고도 한다. 갑골문자가 은나라 때의 것이라면 금문은 주나라 때의 것이다.
*전서篆書	한자의 서체 중 하나로서 전자篆字로 쓴 글씨를 말한다. 인장印章이나 비문碑文에 많이 쓰인다.

❸ 한자의 발전

한자는 대부분 상형象形 또는 상형에 가까운 표의문자表意文字로 되어 있다. 이러한 한자의 특성으로 인해서 필요에 따라 새로운 글자를 만들어서 사용하는 것이 가능하게 되었고, 또 계속 새로 만들어졌다. 한나라 때에 편찬된 허신許愼*의 『설문해자說文解字』에 9천여 자가 실려 있었지만 오늘날에는 6만여 자가 확인되고 있다는 사실을 볼 때, 한자가 얼마나 많이 만들어졌는지를 알 수 있다. 한자는 중국 역사와 함께 증가해왔으며, 또 앞으로도 계속 증가할 것이다.

한편 서체書體에 있어서도 전서篆書는 보다 간편한 예서隸書로, 예서는 다시 오늘날에 많이 쓰이는 해서楷書, 행서行書, 초서草書로 발전해나갔다.

---

*허신許愼의 『설문해자說文解字』 허신은 중국 후한後漢의 학자로서, 한자의 구조와 의미를 당시의 고전적 자체字體였던 소전小篆에 근거해 설명하고자 했다. 『설문해자』는 이러한 내용을 담은 그의 저서著書이다.

서체의 변천

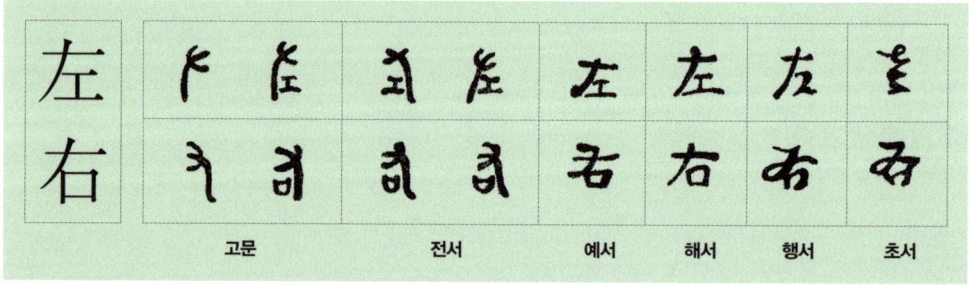

	고문			전서		예서	해서	행서	초서

❹ 한자의 전래*

한자는 삼국시대가 시작되기 이전에 이미 우리나라에 전래되었다고 추정된다. 중국 문화와 접촉하는 과정에서 고구려高句麗·백제百濟·신라新羅의 순으로 한자가 도입되었을 것이며, 그 후 우리나라의 모든 기록은 한자에 의존하게 되었다. 이는 세종대왕世宗大王이 한글을 창제한 이후에도 끊이지 않고 계속되었다.

❺ 우리나라의 한자

한자가 우리나라에 전래된 이후로 우리말에 맞도록 보충되고 활용된 점이 적지 않다. 이두吏讀, 향찰鄕札, 구결口訣 등이 한자를 사용한 우리말 표기 방식으로 등장하였고, 우리 말을 표기하기 위한 새로운 한자들을 만들어내기도 하였다.

이두

한문을 읽기 위한 우리나라 고유의 한자 사용법. 특히 인명, 지명, 관직명 등에 많이 사용되며, 한문의 토를 달 때에도 많이 쓰인다.

婚書乙 通報爲妳 (혼서를 통보하며)

향찰

한자의 음과 뜻을 풀어서 우리말을 적던 글. 이두가 한문으로 된 문장의 토를 단다거나 그 밖에 인명 등에 많이 사용된 데 비해서, 향찰은 우리말 문장을 한자의 음과 뜻을 이용하여 풀어쓰는 방법이다. 향가鄕歌에서 향찰의 대표적인 예를 찾아볼 수 있다.

去隱春皆理米 (가는[지난] 봄 그다림에)

구결

한문으로 된 문장에서 구두점을 찍어야 할 곳에 한자의 일부분을 생략해 만든 기호로써 표기하는 방법. 이두나 향찰보다는 시대가 뒤진 고려·조선시대에 들어와서 성행하였으나, 훈민정음이 창제된 이후로 점차 사용 빈도가 줄어들었다.

千金阝買宅宀 — 千金은 買宅하고 (천금으로는 집을 사고)

*여기서, '은'은 '隱'의 '阝'을 취한 것이고 '하고'는 '爲(ᄒ)'와 '古'에서 각각 'ᄀ'와 'ᄆ'를 취한 것이다.

우리나라에서만 사용된 한자

우리나라의 고유한 말을 한문 문장 안에 표기하기 위해서는 여러 가지 방법으로 한자를 만들었다. 몇 가지 예를 들면 다음과 같다.

田畓(전답) : 水+田(두 글자의 뜻이 합쳐진다)
申乭石(신돌석)*한말의 의병장 : 石+乙(ㄹ 받침을 나타낸다)
旕時調(엇시조) : 於+叱(ㄷ 받침을 나타낸다)

기미독립선언문己未獨立宣言文

一. 吾等은 茲에 我 朝鮮의 獨立國임과 朝鮮人의 自主民임을 宣言하노라. 此로써 世界萬邦에 告하야 人類平等의 大義를 克明하며, 此로써 子孫萬代에 誥하야 民族自存의 政權을 永有케 하노라.

字義

吾 나오

等 무리 등

茲 이 자

此 이 차

克 능할 극, 이길 극

誥 깨우쳐줄 고

語句

吾와 我 1인칭 대명사, '나' *吾等은 '우리들'

茲와 此 지시대명사, '이'

告와 誥 告는 '알리다', 誥는 '깨우쳐주다'

克明 잘 밝히다. 뚜렷하게 밝히다.

기미독립선언문己未獨立宣言文

二. 是 天의 明命이며, 時代의 大勢이며, 全人類 共存同生權의 正當한 發動이라, 天下何物이든지 此를 沮止抑制치 못할지니라.

字義

是 이 시

類 무리 류

何 어찌 하

沮 막을 저

止 그칠 지

抑 누를 억

語句

是와 此 지시대명사, '이'

明命 신명神明의 명령, 즉 하늘의 명령

共存同生權 함께 살아갈 권리

何物이든지 어떠한 것이라도

三. 威力의 時代가 去하고 道義의 時代가 來하도다. 過去 全世紀에 鍊磨長養된 人道的 精神이 바야흐로 新文明의 曙光을 人類의 歷史에 投射하기 始하도다.

字義

威 위엄 위

去 갈 거

鍊 단련할 련

磨 갈 마

曙 새벽 서

射 쏠 사

語句

去와 來 '가다'(= go), '오다'(= come), 동사로 쓰였다.

長養 오랫동안 길러오다. *長은 '오래'의 뜻

曙光 새벽의 날 새는 빛, 좋은 일이 일어나려는 조짐

投射 비추다.

四. 吾等이 茲에 奮起하도다. 良心이 我와 同存하며 眞理가 我와 幷進하는도다.

字義

奮 떨칠 분

起 일어날 기

幷 아우를 병

進 나아갈 진

語句

同存 함께 있다.

幷進 같이 나란히 나아가다.

형태가 비슷한 한자

한자는 다른 문자와 달리 글자의 수량이 대단히 많다. 따라서 뜻은 다르지만 형태가 비슷한 글자가 많이 있다. 몇 가지 대표적인 예를 들면 다음과 같다.

干(방패 간) : 干城(간성)
于(어조사 우) : 于今(우금)

貧(가난할 빈) : 貧困(빈곤)
貪(탐할 탐) : 貪慾(탐욕)

刺(찌를 자) : 刺客(자객)
剌(어그러질 랄) : 潑剌(발랄)

困(곤란할 곤) : 困窮(곤궁)
囚(가둘 수) : 罪囚(죄수)
因(인할 인) : 原因(원인)

遂(이룰 수) : 遂行(수행)
逐(쫓을 축) : 逐出(축출)

戊(천간 무) : 戊辰(무진)
戍(수자리 수) : 衛戍(위수)
戌(개 술) : 戌時(술시)

綱(벼리 강) : 大綱(대강)
網(그물 망) : 網羅(망라)

書(책 서) : 讀書(독서)
晝(낮 주) : 晝夜(주야)
畫(그림 화) : 畫家(화가)

斤(근 근) : 斤量(근량)
斥(물리칠 척) : 排斥(배척)

壞(무너질 괴) : 破壞(파괴)
壤(흙 양) : 土壤(토양)

怒(성낼 노) : 憤怒(분노)
恕(용서할 서) : 容恕(용서)

今(이제 금) : 昨今(작금)
令(명령 령) : 命令(명령)

早(일찍 조) : 早朝(조조)
旱(가물 한) : 旱害(한해)

徒(무리 도) : 暴徒(폭도)
徙(옮길 사) : 移徙(이사)

旦(아침 단) : 元旦(원단)
且(또 차) : 且置(차치)

眠(잠잘 면) : 睡眠(수면)
眼(눈 안) : 肉眼(육안)

1. 다음은 고대 한자의 글자체에 대한 설명이다. 관계되는 것을 〈보기〉에서 찾아 쓰시오.

   보기 : ㉠ 楷書　㉡ 行書　㉢ 篆書　㉣ 金文　㉤ 草書　㉥ 甲骨文字　㉦ 隸書

   ① 중국 은殷나라 때의 상형문자. 거북의 껍질이나 짐승의 뼈에 점복占卜에 관한 기록을 새겼다.
   ② 중국 고대에 동기銅器에 새겨놓은 글자
   ③ 중국 고대 진秦나라 때 사용된 글자

2. 다음은 글자체의 변천 과정을 보여주고 있다. 해당되는 것을 문제1의 〈보기〉에서 찾아 쓰시오.
   ① 左　② 左　③ 左　④ 左　⑤ 左　⑥ 左　⑦ 左

3. 다음 한자의 독음을 쓰시오.
   ① 懷古　　② 不知不識間　　③ 華奢
   ④ 希望　　⑤ 影響　　　　　⑥ 滿足

4. 다음 낱말을 한자로 쓰시오.
   ① 발전　　② 상형문자　　③ 대강
   ④ 역사　　⑤ 편찬　　　　⑥ 기원

5. 다음 낱말 가운데 한자를 틀리게 쓴 부분이 각각 하나씩 있다. 바르게 고쳐 쓰시오.

① 于城(간성)　　② 土壤(토양)　　③ 暴徙(폭도)

④ 睡眼(수면)　　⑤ 貧慾(탐욕)　　⑥ 逐行(수행)

6. 다음 빈칸에 알맞은 한자를 〈보기〉에서 찾으시오.

보기 : ㉠囚 ㉡困 ㉢因 ㉣晝 ㉤書 ㉥畫

①□窮　　　②罪□　　　③原□

④讀□　　　⑤□夜　　　⑥□家

7. 이두, 향찰, 구결은 한자를 사용한 우리말 표기 방식이다. 다음 글을 읽고, 그 내용에 해당하는 것을 셋 중에서 찾으시오.

① 구두점을 찍어야 할 곳에 한자의 생략된 일부분을 기호로 적어서 토를 다는 방법

② 한자의 음과 뜻을 풀어서 우리말을 적던 글, 대표적인 것은 향가

③ 한문을 읽기 위한 우리나라 고유의 한자 사용법으로서 특히 인명, 지명, 관직명 등에 많이 사용되고, 한문의 토를 달 때에도 쓰인다.

8. 다음은 우리나라에서만 사용된 한자이다. 각 낱말의 음을 쓰시오.

① 林특正　　② 蒫時調　　③ 申乭石

④ 田畓　　　⑤ 垈地

9. 다음 글 가운데에 한문으로 된 본문 이외의 표기법이 들어 있다. 찾아서 설명하시오.

父子隱天性之親是羅生而育之爲古愛而敎之爲妳

10. 다음 문장의 빈칸에 넣을 수 있는 적당한 한자를 〈보기〉에서 찾으시오.

보기 : ㉠彼 ㉡玆 ㉢汝 ㉣吾 ㉤何 ㉥我

"(   )等은 (   )에 (   ) 朝鮮의 獨立國임과 朝鮮人의 自主民임을 宣言하노라."

2. 육서六書

❶ 허신許愼의 『설문해자設文解字』

후한後漢 때의 학자 허신許愼(30?~124?)은 그때까지 사용되던 9,300여 글자의 구성 원칙을 비교하여 설명하였으니, 이것이 유명한 『설문해자設文解字』다. 여기서 그는 모든 한자의 구성 원리를 분석하여 상형象形·지사指事·회의會意·형성形聲·전주轉注·가차假借 등 여섯 종류로 나누고, 이를 다시 구성 원리의 특성에 따라 ① 기초가 되는 '문文'과 ② 그것을 합쳐서 만든 '자字' ③ '전용轉用'하여 쓰는 것으로 분류하여 제시했다.

상형象形 · 지사指事	문文	한자가 만들어지는 원리
회의會意 · 형성形聲	자字	
전주轉注 · 가차假借	전용轉用	한자가 운영되는 원리

이 가운데에서 상형·지사·회의·형성을 한자가 만들어지는 원리라고 한다면, 전주·가차는 이미 만들어진 한자를 활용하는 원리라고 말할 수 있다.

❷ 육서 六書

상형 象形

日, 月, 山, 川 등과 같이 어떤 물체[形]의 모양을 본떠서[象] 자형字形을 만들어, 개별적인 뜻을 나타내는 것이다. 인체人體, 동식물動植物, 산천山川처럼 기본적인 의미의 한자는 대개 상형에서 출발한 것이며, 따라서 상형은 한자를 형성하는 기본이라고 말할 수 있다. 몇 가지 예를 들면 다음과 같다.

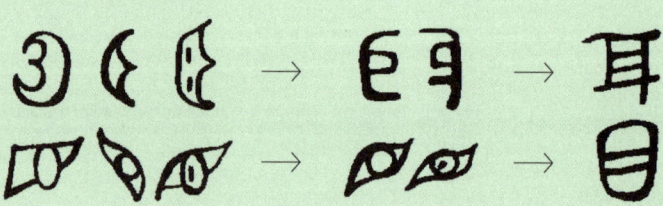

지사 指事

一, 二, 上, 下 등과 같이 상형으로 표시할 수 없는 추상적抽象的인 개념[事]을 가리켜[指] 기호記號로 나타낸 것이다. '一'과 '二'는 수를 기호화한 것이고, '上'과 '下'는 하나의 기준이 되는 선線의 위와 아래에 ·, ㅜ로 표현하였던 것이 지금의 형태로 변한 것이다. 다음과 같은 몇 가지 예를 들 수 있다.

本 (나무뿌리를 나타냄) → 本 (근본 본)
末 (나뭇가지를 나타냄) → 末 (끝 말)
天 (하늘이 사람 위에 있음을 나타냄) → 天 (하늘 천)

회의 會意

이미 만들어진 둘 이상의 한자를 뜻[意]에 따라 모아서[會] 하나의 문자를 만들어 다른 뜻을 나타내는 것이다. 이것은 상형과 지사만으로는 모든 대상을 문자화할 수 없었기 때문에 고안해낸 방법이다. '明'은 '日'과 '月'이 합하여 '밝다'는 뜻이 되었고, '林'은 '木'을 두 개 합하여 '수풀'이라는 뜻이 되었다. 회의에는 같은 글자끼리 결합된 것과 다른 글자와 결합된 것, 두 가지가 있다.

① 같은 글자끼리 결합된 것

並 (나란히 선 것을 나타냄) → 竝(아우를 병)

林 (나무들이 들어선 모양) → 林(수풀 림)

炎 (불길이 치솟는 모양) → 炎(불꽃 염)

② 다른 글자끼리 결합된 것

赤 (큰 불은 붉은 빛을 띤다는 것) → 赤(붉을 적)

囚 (옥에 갇힌 사람을 나타냄) → 囚(가둘 수, 죄수 수)

信 (사람의 말은 믿을 수 있다는 뜻) → 信(믿을 신)

형성 形聲

뜻을 나타내는 부분[形=意符]과 음音을 나타내는 부분[聲=音符]을 결합하여 하나의 문자를 만들어 다른 뜻을 나타내는 것이다. 예를 들어서 '梅'(매), '誠'(성)과 같은 글자에서는 '每'와 '成'이 음을 나타내고, '木'과 '言'에 뜻이 담겨 있다. 한자 가운데 약 80퍼센트가 이러한 형성의 원리에 의해서 만들어졌다. 이 원리에 의해서 만들어진 한자는, 모르는 글자라 할지라도 의부意符를 통해서 의미를 계통적으로 파악할 수 있게 되고, 또 음부音符를 통해서는 대략적인 음을 추정해볼 수 있다.

① 의부意符가 같은 글자

: 江(강 강), 河(물 하), 港(항구 항), 湖(호수 호), 深(깊을 심) 모두 물(水=氵)과 관계 있다.

② 음부音符가 같은 글자

: 成(이룰 성), 晟(밝을 성), 盛(성할 성), 城(성 성), 誠(정성 성) 모두 음音이 같다.

한자에 따라서는, 음을 나타내는 부분이 때로는 뜻도 함께 나타낼 때가 있다. 이러한 글자를 회의형성문자라고 한다.

植(심을 식) : 곧게 나무를 심다.

坪(벌 평) : 땅이 평평하다.

淸(맑을 청) : 물이 맑다.

위 글자에서 '直', '平', '靑' 등은 음을 나타내는 음부音符이면서, 동시에 뜻을 나타내고 있다.

전주轉注

이미 만들어져 있는 문자가 수레가 회전하는 것처럼 이곳에서 저곳으로 돌고[轉], 또 물이 흐르는 것처럼 이곳에서 저곳으로 흘러[注], 본래의 뜻을 돌려서 다른 유사한 뜻으로 전용하는 방법이다. '命'이 목숨이라는 뜻에서 '運命'이라는 뜻으로 전용되는 것이 그 예이다. 한편, 아래의 〈보기〉처럼 한 글자가 다른 뜻으로 바뀔 때 음도 따라서 바뀌는 것도 전주에 속한다.

惡 : 악할 악 → 미워할 오
樂 : 풍류 악 → 즐길 락 → 좋아할 요
更 : 고칠 경 → 다시 갱
度 : 법도 도, 자 도 → 헤아릴 탁

가차假借

글자의 뜻과는 아무런 상관없이, 음이 같거나 형태가 비슷한 글자를 임시로[假] 빌려[借] 쓰는 것이다. '女'는 본래 '여자'라는 뜻이지만, '汝'(너 여)와 음이 같으므로 '汝'를 쓸 자리에다 빌려다 쓰는 것이 그 예이다. 한문 가운데서, 특히 대명사나 외국어의 표기에 주로 사용된다.

① 외국어外國語의 표기

　　Asia → 亞細亞,　America → 亞美利加

　　France → 佛蘭西,　Rome → 羅馬

② 불교佛敎 용어의 표기

　　比丘尼(비구니), 佛陀(불타), 沙門(사문) 등

그 밖에, 유사한 음 또는 형태를 빌어서 쓰는 것으로 다음의 것들이 있다.

③ 음이 같은 경우

　　燕 : 제비 연 → 잔치 연(宴과 음이 같으므로)

④ 형태가 비슷한 경우

　　弗 : 원래 '아닐 불' → 달러dollar를 나타내는 $와 모양이 비슷하여 차용借用됨

❖ 전주轉注와 가차假借의 비교

전주轉注	가차假借
① 원래 뜻을 확대해 사용	① 음이나 형태가 같다는 이유로 다른 글자를 차용
② 음은 달라질 수 있으나 의미는 원래 뜻과 관계가 깊다.	② 의미는 원래 뜻과 관계가 없지만 음은 그대로 사용한다.
③ 동자이훈同字異訓의 원칙	③ 이자동음異字同音의 원칙

해석 연습

조선독립朝鮮獨立의 서書 — 한용운韓龍雲

一. 自由가 無한 人은 死骸와 同하고 平和가 無한 者는 最苦痛의 者라 壓迫을 被하는 者의 周圍의 空氣는 墳墓로 化하고 爭奪을 事하는 者의 境涯는 地獄이 되느니 宇宙의 理想的 最幸福의 實在는 自由와 平和라.

字義

骸 뼈 해	墳 무덤 분
痛 아플 통	墓 무덤 묘
壓 누를 압	奪 빼앗을 탈
迫 핍박할 박	境 지경 경
被 입을 피	涯 끝 애, 물가 애
圍 둘레 위	獄 감옥 옥

語句

最苦痛 최고의 고통苦痛

被하는 입는, 당하는

爭奪을 事하는 者 다투어 빼앗는 것을 일삼는 자

境涯 경계 안의 땅

조선독립朝鮮獨立의 서書 — 한용운韓龍雲

二. 故로 自由를 得하기 爲하여는 生命을 鴻毛視하고 平和를 保하기 爲하여는 犧牲을 甘飴嘗하느니 此는 人生의 權利인 同時에 또한 義務일지로다.

字義

故 연고 고	甘 달 감
鴻 큰 기러기 홍	飴 엿 이
犧 희생 희	嘗 맛볼 상, 일찍이 상
牲 희생 생	

語句

故로 그러므로, 따라서

鴻毛視 기러기의 털과 같이 아주 가볍게 본다는 뜻

甘飴嘗 단 엿을 맛보듯 한다.

三. 自由를 得하기 爲하야는 何의 代價도 不惜하나니 곧 生命을 賭하야도 辭치
아니할지라.

字義

價 값 가

惜 아낄 석

賭 걸 도, 도박 도

辭 사양할 사, 말씀 사

語句

何의 代價 어떠한 대가, 즉 어떠한 희생

不惜 不+動詞의 형태(~하지 아니하다)

賭하여도 걸더라도 *賭錢 : 돈 걸기, 돈내기

辭치 아니할지라 사양하지 아니할지라

四. 民族自決은 世界平和의 根本 解決이라 民族自決主義가 成立되지 못하면 如
何히 國際聯盟을 締結하야 平和를 保障할지라도 究竟에는 水泡에 歸할지라.

字義

決 정할 결

聯 연합할 련

盟 맹세할 맹

締 맺을 체

結 맺을 결

障 막을 장

究 끝 구, 궁구할 구

竟 마침내 경

泡 물거품 포

語句

如何히 어떠하게

究竟 마침내

水泡 물거품

한자의 육서

모든 한자는 구성 원리에 따라 여섯 가지 분류 방법, 즉 육서六書로 나누어볼 수 있다.

상형象形 日, 月, 山, 川, 水, 木, 魚, 鳥, 牛, 馬, 虎, 犬

지사指事 一, 二, 三, 四, 上, 中, 下, 本, 末, 刃, 天, 出

회의會意
鳴(울 명) : 口(입 구)+鳥(새 조)
美(아름다울 미) : 羊(양 양)+大(클 대)
男(사내 남) : 田(밭 전)+力(힘 력)
集(모을 집) : 隹(새 추)+木(나무 목)
好(좋을 호) : 女(계집 녀)+子(아들 자)
休(쉴 휴) : 人(사람 인)+木(나무 목)
伏(엎드릴 복) : 人(사람 인)+犬(개 견)
法(법 법) : 水(물 수)+去(갈 거)
武(굳셀 무) : 止(그칠 지)+戈(창 과)
東(동녘 동) : 木(나무 목)+日(해 일)

형성形聲 江(강 강), 霜(서리 상), 基(터 기), 烈(굳셀 렬), 想(생각할 상), 神(귀신 신), 符(부적 부), 扶(도울 부), 鷄(닭 계), 錢(돈 전), 權(권세 권), 問(물을 문)

전주轉注
命(목숨 명) : 生命, 人命
命(운수 명) : 運命
更(고칠 경) : 更張, 更改
更(다시 갱) : 更生, 更紙
金(쇠 금) : 賞金, 金銀
金(성 김) : 金氏, 金浦

가차假借
丁丁 : 나무 찍는 소리
亞丹斯密(Adam Smith) : 외국어의 표기
燕樂 : 宴樂과 같은 뜻

刻舟求劍 각주구검

뱃전에 새겨 칼을 구한다는 말. 『여씨춘추呂氏春秋』에 보면 "초楚나라 사람 중에 강을 건너는 사람이 있었다. 그의 칼이 배에서 물속으로 떨어지니 갑자기 그 배에 표시를 하고 말하기를 '이 곳은 내 칼이 빠진 곳이다' 하고는 배가 멈추자 그가 새긴 곳으로 부터 물속으로 들어가 칼을 찾으려고 했다. 배는 이미 지나왔는데 칼은 움직이지 않 았으니 칼을 찾는 것이 이와 같다면 또한 미혹되지 아니한가?"라고 하였다. 시세時勢 의 변화를 파악하지 못하여 융통성이 없음을 뜻한다.

1. 다음에서 육서와 관계되지 않은 것은?

   ① 허신許愼의 『설문해자說文解字』

   ② 한자의 구성 원칙

   ③ 이두吏讀, 향찰鄕札, 구결口訣

   ④ 문文, 자字, 전용轉用으로 나누어진다.

2. 다음과 관계되는 것을 〈보기〉에서 찾아 쓰시오.

   보기 : ㉠ 形聲　㉡ 轉注　㉢ 象形　㉣ 假借　㉤ 指事　㉥ 會意

   ① 어떤 물체의 모양을 본떠서 자형字形을 만듦

   ② 추상적인 여러 가지 개념 또는 일을 기호화한 것

   ③ 이미 만들어진 둘 이상의 한자를 뜻에 따라 합한 것

   ④ 한자의 80퍼센트를 차지하는 것으로서 의부意符와 음부音符로 나누어진다.

   ⑤ 동자이훈同字異訓의 원칙, 한자의 전용轉用

   ⑥ 이자동음異字同音의 원칙, 한자의 전용轉用

3. 다음은 추상적인 개념을 가리키는 글자의 원시적인 형태이다. 각각 어떠한 글자의
   원형인지를 쓰시오.

   ① 上　　　② 米　　　③ 末　　　④ 天　　　⑤ 下

4. 다음의 한자들은 의부意符가 같은 것들이다. 공통된 의미를 쓰시오.

   ① 江, 河, 湖, 渡, 浴　　　② 訓, 說, 諫, 許, 請

   ③ 投, 打, 授, 拒, 抗　　　④ 財, 買, 賣, 貧, 貪

5. 다음에 제시된 육서와 관계되는 것을 보기에서 찾으시오.

> 보기 : ㉠ 山, 川, 水, 木　　㉡ 林, 炎, 囚, 信　　㉢ 亞細亞, 亞美利加
>
> 　　　 ㉣ 樂 : 音樂, 快樂, 樂山　　㉤ 一, 二, 刃, 本　　㉥ 想, 符, 神, 基

① 形聲　　　　② 會意　　　　③ 象形

④ 指事　　　　⑤ 轉注　　　　⑥ 假借

6. 다음은 두 가지 이상의 독음을 갖는 한자들이다. 옳게 짝지어지지 않은 것은?

① 更 : 고칠 경, 다시 갱　　　② 度 : 법도 도, 헤아릴 탁

③ 復 : 회복할 복, 다시 부　　　④ 率 : 비율 률, 마칠 졸

7. 다음에서 독음이 같은 것끼리 모아놓은 것이 아닌 것은?

① 成, 盛, 城, 誠　　② 亡, 忙, 忘, 盲　　③ 主, 注, 住, 柱　　④ 靑, 晴, 請, 淸

8. 한자의 구조 및 사용에는 여섯 가지 구별六書이 있다. '境'이라는 한자와 같은 구조를 다음에서 찾으시오.

① 果　　② 裏　　③ 好　　④ 男

9. 다음에서 육서 가운데 회의會意에 속하는 것은?

① 月　　② 下　　③ 武　　④ 江

10. 다음 낱말의 독음을 쓰시오.

① 見學, 謁見　　　　② 善惡, 憎惡

③ 交易, 難易　　　　④ 更生, 更改

⑤ 論說, 遊說　　　　⑥ 復活, 往復

3. 부수部首와 자전 활용字典活用

① 한자의 부수

자전字典에 실려 있는 한자들은 구성 원리構成原理에 따라 분류하고 난 후, 획수劃數에 따라 배열한 것이다. 이렇게 체계적으로 분류하기 위하여 고안된 것이 부수部首라는 것이다. 부수는 한자의 의미상 특징적인 부분을 공통으로 가지고 있는 한자들을 묶어서 분류하기 위한 기준이다.

부수와 자전 찾기

자전에서 어떤 한자를 찾고자 할 때, 제일 먼저 확인해야 할 것이 바로 부수이다. 부수가 한자를 배열하는 가장 기본적인 분류 방법의 기준이기 때문이다. 부수자는 획수로는 1획에서 17획까지 있으며, 현재 우리나라에서 쓰고 있는 것은 모두 214자이다.

부수와 한자의 뜻

부수는 그것이 속한 글자의 뜻을 한정하고 있는 것이 대부분이다. 따라서 부수를 통해서 그 한자의 대략적인 뜻을 알 수 있는 방법이 있다. 예를 들자면 부수 '木'이 들어 있는 글자는 '나무'와 관계가 있고, 부수 '水'(氵)가 들어 있는 글자는 '물'과 깊은 관계가 있다. 이와 같은 예를 몇 가지 들면 다음과 같다.

부수	공통적인 뜻(대표적인 의미)	예
口	'입', '말하는 것'과 관련	喉(목구멍 후), 問(물을 문)
言	'말하는 것'과 관련	訓(가르칠 훈), 許(허락할 허)
心(忄)	'사람의 품성', '심리적 활동'	忠(충성 충), 怯(겁낼 겁)
手(扌)	'손과 관계 있는 동작'	打(칠 타), 投(던질 투)
貝	'재물'과 관련	財(재물 재), 買(살 매)
艸(艹)	'풀'과 관련	草(풀 초), 菊(국화 국)
隹	'새'와 관련	雀(참새 작), 雁(기러기 안)

❷ 부수의 분류

부수는 다섯 가지의 원리에 의해 나누어지고 있다. 즉 '변邊', '방傍', '머리', '받침', '몸'의 다섯 가지이다.

변 글자의 왼쪽에 있는 부수를 변이라고 한다. '結'(맺을 결), '根'(뿌리 근), '記'(기록할 기) 등이 이러한 경우이다.

방 글자의 오른쪽에 있는 부수를 말한다. '類'(무리 류), '到'(이를 도), '鷄'(닭 계) 등이 이에 속한다.

머리 부수가 위에 있을 때는 이것을 '머리' 또는 '두頭'라고 한다. '寒'(찰 한), '第'(차례 제), '萬'(일만 만)

받침 부수가 글자의 밑 부분에 받쳐져 있을 때, 이것을 '받침'이라고 한다. '進'(나아갈 진), '急'(급할 급), '春'(봄 춘)

몸 부수가 주로 글자의 밖에서 글자를 에워싸고 있을 때는, 이것을 '몸' 또는 '에운

담'이라고 한다. 이 '몸' 안에 있는 글자는 '안'이라고 하는데, '안'은 부수가 되지 않는다. '開'(열 개), '國'(나라 국), '區'(구역 구)

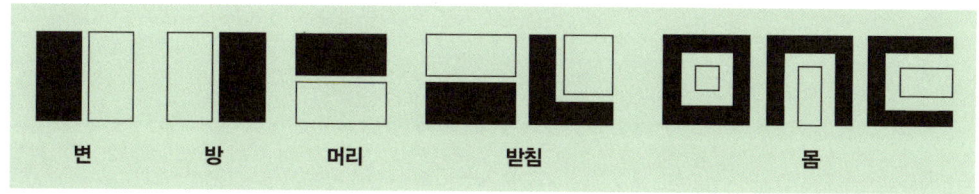

| 변 | 방 | 머리 | 받침 | 몸 |

❸ 부수의 변형

부수가 독립된 글자로 쓰일 때의 자형과 글자의 일부로 쓰일 때의 자형이 다른 경우가 많이 있다. 이것은 부수가 글자에 포함될 때 변형되기 때문이다. 예를 들자면, '打'(칠 타)는 부수가 '扌'이지만 이 글자의 본래 글자는 '手'인 것처럼 변형이 되어 쓰이는 경우가 있다.

❖ 변형된 부수의 예

人(사람 인)	→	亻	: 信(믿을 신), 仁(어질 인)
刀(칼 도)	→	刂	: 別(다를 별), 刻(새길 각)
川(내 천)	→	巛	: 巡(순행할 순), 巢(새집 소)
手(손 수)	→	扌	: 技(재주 기), 投(던질 투)
心(마음 심)	→	忄	: 性(성품 성), 悟(깨달을 오)
水(물 수)	→	氵	: 深(깊을 심), 淸(맑을 청)
爪(손톱 조)	→	爫	: 爭(다툴 쟁), 爲(할 위)
犬(개 견)	→	犭	: 狗(개 구), 狂(미칠 광)
老(늙을 노)	→	耂	: 考(상고할 고), 者(놈 자)
网(그물 망)	→	罒	: 罪(허물 죄), 羅(벌일 라)

艸(풀 초)	→	⺾	: 草(풀 초), 茶(차 다)
火(불 화)	→	灬	: 無(없을 무), 熱(더울 열)
辵(책받침)	→	辶	: 近(가까울 근), 通(통할 통)
玉(옥 옥)	→	王	: 珍(보배 진), 理(다스릴 리)
肉(고기 육)	→	月	: 肥(살찔 비), 脚(다리 각)
邑(고을 읍)	→	阝 방(오른쪽)	: 邦(나라 방), 都(도읍 도)
阜(언덕 부)	→	阝 변(왼쪽)	: 防(막을 방), 陵(언덕 릉)

❹ 자전 찾기

자전을 활용하는 것은 한자 학습에서 매우 중요한 학습 방법이다. 수만 자에 이르는 한자를 모두 기억할 수 없으므로, 끊임없이 자전을 통하여 뜻을 깨치고 글을 익혀나가야 할 것이다.

부수색인 部首索引

부수는 1획부터 17획까지 모두 214 종류가 있다. 찾고자 하는 한자가 먼저 어떤 부수에 속해 있는가를 확인한 다음, 부수를 자전의 앞부분에 나오는 부수색인에서 찾아야 한다. 다음에는, 부수를 제외한 나머지 부분의 획수를 세어서 그 획수에 해당하는 부분을 찾아내면 된다.

부수를 찾을 때에는 먼저 찾고자 하는 한자의 구조를 살펴보아야 한다. 예를 들어서 '梅' 자는 '木' 과 '每' 가 합쳐진 글자인데, 이 가운데 '每' 자는 부수로 쓰이는 것이 아니므로 '木' 부에서 찾아야 한다.

주의해야 할 점은 ① 형성문자 形聲文字의 경우에 음부 音符를 부수와 혼동해서는 안 된다는 점이고, ② 변형된 부수에 관한 것이다. '肥' 자는 '月' 부에서 찾아도 나오지 않는데, 그것은 이 부수가 '肉' 부에서 변형된 것이므로 '肉' 부에서 찾아야 하기 때문이다. 한편, '阝' 부수의 경우, 변[왼쪽]으로 쓰이는 경우에는 언덕 부(阜), 방[오른쪽]으로 쓰이는 경우에는 고을 읍(邑)의 변형이라는 것을 알아야 한다.

자음색인 字音索引

부수는 알기 어려우나, 한자의 음(音)을 알고 있을 때 이용하는 방법이다. 자음색인은 한자를 우리말 소리에 따라 순서대로 배열한 것이므로 쉽게 찾아볼 수 있다. 일반적으로 자전의 뒷부분에 수록되어 있다.

총획색인 總劃索引

부수도 모르고, 또 음(音)도 모를 때 이용하는 방법이다. 찾고자 하는 한자의 정확한 획수를 센 다음, 그 획수에 해당하는 부분을 모두 찾아야 한다. 자전 앞부분이나 뒷부분에 따로 수록되어 있다.

해석 연습

상고商賈의 대도大道 —서유견문西遊見聞(유길준兪吉濬)

一. 商賈는 亦 國家의 大本이라. 其關係의 重且大함이 農作에 不後하여 政府의
富饒함과 人民의 蕃盛함이 實狀은 此道로 不以하면 其成이 不能하니라.

字義

賈 장사 고, 값 가	蕃 번성할 번
亦 또 역	盛 성할 성
其 그 기	狀 형상 상
關 관계할 관	以 써 이
且 또 차	
饒 넉넉할 요	

語句

商賈 장사. 여기서는 상업商業을 뜻한다.

亦 또한

其 '그'. 지시대명사

重且大 중대重大. 且는 강조의 구실

不後 뒤지지 않는다.

不以 ~으로써 하지 않으면

상고商賈의 대도大道 —서유견문西遊見聞(유길준兪吉濬)

二. 萬若 商賈를 하는 者가 工夫 없이 他國 商賈의 工夫한 者를 對하면 此는 目不
識丁한 村夫가 有識한 學士를 對坐하야 文章을 論難함과 同한지라

字義

若 만약 약, 같을 약
他 다를 타
識 알 식
坐 앉을 좌
難 비난할 난, 어려울 난

語句

工夫 공부. 학문·기술을 배움

目不識丁 눈으로 '丁' 자를 알아보지 못한다는 뜻으로
아무 것도 모르는 무식함을 말한다. (= 낫 놓고 ㄱ자도 모른
다.)

論難 결점을 들어 비난 공격함

三. 大槩 開化라 하는 者는 人間의 千事萬物이 至善極美한 境域에 抵함을 謂함이
니, 然한 故로 開化하는 境域은 限定하기 不能한 者다.

字義

槩 대개 개(= 槩)

至 지극할 지, 이를 지

極 지극할 극

域 지경 역

抵 이를 저, 막을 저

謂 이를 위, 일컬을 위

然 그럴 연

語句

至善極美 지극히 훌륭하고 지극히 아름다움(= 至極善美)

謂함이니 이름이니, 말하는 것이니

然한 故로 그러한 까닭으로

四. 天下古今의 何國을 顧考하든지 開化의 極臻한 境에 至한 者는 無하나, 然하
나 大綱其 層級을 區別하건대 三等에 不過하니, 曰 開化하는 者며, 曰 半開化
한 者며, 曰 未開化한 者라.

字義

顧 돌아볼 고

考 상고할 고

臻 이를 진

綱 대강 강, 벼리 강

層 층 층

級 등급 급

區 나눌 구, 구역 구

語句

何國 어떠한 나라

極臻한 최고의 경지에 도달한

曰 말하자면, 가로되

부수를 찾기 어려운 한자

한자 학습에서 자전字典을 활용하는 것은 무엇보다도 중요하며, 이때 한자의 부수를 정확하게 찾아내는 일이 가장 필요하다.

一 (한 일) : 丁 (사나이 정), 上 (윗 상)

丶 (점) : 丸 (알 환), 丹 (붉을 단)

丿 (삐침) : 乃 (이에 내), 之 (갈 지)

乙 (새 을) : 九 (아홉 구), 亂 (어지러울 란)

亅 (갈고리 궐) : 了 (마칠 료), 事 (일 사)

二 (두 이) : 五 (다섯 오), 云 (이를 운)

儿 (어진사람인 발) : 兄 (맏 형), 兒 (아이 아)

匕 (비수 비) : 化 (화할 화), 北 (북녘 북)

十 (열 십) : 千 (일천 천), 卓 (높을 탁)

厶 (나 사) : 去 (갈 거), 參 (석 삼)

夕 (저녁 석) : 外 (바깥 외), 夢 (꿈 몽)

工 (장인 공) : 巨 (클 거), 左 (왼 좌)

巾 (수건 건) : 市 (저자 시), 師 (스승 사)

干 (방패 간) : 平 (평평할 평), 年 (해 년)

弓 (활 궁) : 弗 (아닐 불), 弟 (아우 제)

戈 (창 과) : 成 (이룰 성), 我 (나 아)

止 (그칠 지) : 正 (바를 정), 歸 (돌아올 귀)

癶 (절 발) : 登 (오를 등), 發 (필 발)

目 (눈 목) : 直 (곧을 직), 省 (살필 성)

臼 (절구 구) : 臾 (잠깐 유), 興 (일어날 흥)

行 (다닐 행) : 術 (재주 술), 街 (거리 가)

衣 (옷 의) : 表 (거죽 표), 裏 (쇠잔할 쇠)

豕 (돼지 시) : 豚 (돼지 돈), 象 (코끼리 상)

辰 (별 신) : 辱 (욕 욕), 農 (농사 농)

里 (마을 리) : 重 (무거울 중), 量 (헤아릴 량)

鷄鳴狗盜 계명구도

닭 울음과 개 흉내를 내는 도둑이란 뜻. 『사기史記』에 제齊나라의 맹상군孟嘗君이 진秦나라 소왕昭王에게 갇혔을 때 개 흉내를 잘 내는 식객食客을 시켜 전에 왕에게 선사했던 흰 여우 가죽옷을 훔쳐내어 왕의 총희寵姬에게 바쳐 석방된 뒤 함곡관函谷關으로 도망했으나 깊은 밤중이라 관문이 닫혀 있었으므로 한 식객을 시켜 닭 우는 소리를 흉내 내게 하니 근처의 닭들이 이에 응하여 울게 되어 관문이 열려서 무사히 통과했다는 내용이 실려 있다. 비굴하게 남을 속이는 하찮은 재주 또는 그런 재주를 가진 사람을 이르는 말이다.

1. 한자의 부수를 옳게 지적하지 않은 것은?

   ① 九, 亂 : 乙   ② 訓, 許 : 言   ③ 財, 買 : 貝   ④ 功, 攻 : 工

2. 부수는 형태에 따라 몇 가지로 분류된다. 다음과 같은 빗금 친 부분의 부수는 무엇이라고 하는가? 〈보기〉에서 찾아 쓰시오.

   보기 : ㉠ 몸   ㉡ 머리   ㉢ 방   ㉣ 받침   ㉤ 변

   ① ◼️▢   ② ▢◼️   ③ ▢◼️(아래)   ④ ◣   ⑤ ▣

3. 다음 변형된 부수를 옳게 설명하지 못한 것은?

   ① 人(사람 인) → 亻   ② 手(손 수) → 扌
   ③ 邑(고을 읍) → 阝변(왼쪽)   ④ 心(마음 심) → 忄

4. 다음 한자의 부수를 찾아 쓰시오.

   ① 丸(알 환)   ② 云(이를 운)   ③ 農(농사 농)
   ④ 歸(돌아올 귀)   ⑤ 弗(아닐 불)   ⑥ 市(저자 시)

5. 다음 설명과 관계되는 자전 찾기 방법을 〈보기〉에서 찾아 쓰시오.

   보기 : ㉠ 部首索引   ㉡ 字音索引   ㉢ 總劃索引

   ① 模 : '木' 부의 11획에서 찾는다.
   ② 模 : 14획에서 찾는다.

③ 模 : '모' 난에서 찾는다.

6. 다음 한자를 자전에서 찾고자 하면 무슨 부_部, 몇 획_劃에서 찾아야 하는가?

① 江   ② 貨   ③ 發

④ 省   ⑤ 上   ⑥ 弟

7. 다음 한자의 독음을 쓰시오.

① 劃數   ② 賂物   ③ 拉致

④ 陶冶   ⑤ 漏泄   ⑥ 索引

8. 다음 낱말을 한자로 쓰시오.

① 구성   ② 통찰   ③ 추호

④ 역할   ⑤ 포악   ⑥ 변형

9. '炭' 은 자전의 어느 부수에서 찾아야 하는가?

① 山   ② 火   ③ 一   ④ 厂

10. 다음 문장을 읽고 물음에 답하라.

大槩[㉠] 開化라 하는 者는 人間의 千事萬<u>物</u>[㉡]이 至善極美한 境<u>域</u>[㉢]에 <u>抵</u>[㉣]함을 謂함이니, <u>然</u>[㉤]한 故로 開化하는 境域은 限定하기 不能한 者다.

1) ㉠, ㉡, ㉢의 부수는?

2) ㉣, ㉤의 부수는 변형된 것이다. 원형을 쓰시오.

4. 자획字劃과 필순筆順

❶ 자획

자획字劃이란 하나의 한자를 구성하는 점點과 선線을 말한다. 이러한 자획에는 각각 명칭이 있다. 아래의 영자팔법永字八法*을 통해 살펴보자.

①은 '점', ②는 '가로긋기', ③은 '내려긋기', ④는 '갈고리', ⑤는 '지침', ⑥·⑦은 '삐침', ⑧은 '파임'이다.

한자를 쓸 때, 붓을 한번 대었다가 자연스럽게 떨어질 때까지의 점과 선을 한 획으로 하여 획수를 계산한다. '永' 자의 경우, 8가지 획의 모양이 들어 있기는 하지만 ②·③·④ 가 하나의 획이며 ⑤·⑥도 하나의 획이므로, 따라서 모두 5획의 글자가 된다.

> ***영자팔법**永字八法 '永' 자는 한 글자 안에 여덟 가지의 필법筆法을 갖추고 있어서, 한자의 획劃을 배우는 데 기준이 되어왔는데, 이것을 영자팔법永字八法이라 한다.

다른 한자들의 획수를 직접 세어보면,

乙	七	千	友
1획(새 을)	2획(일곱 칠)	3획(일천 천)	4획(벗 우)

❖ **획수를 틀리기 쉬운 한자의 예**

획수	예
2획	乃(이에 내), 九(아홉 구), 又(또 우)
3획	乞(빌 걸), 也(어조사 야), 女(계집 녀)
4획	切(끊을 절), 毋(말 무), 片(조각 편)
5획	凹(오목할 요), 凸(볼록할 철), 弗(아닐 불)
6획	卍(만자 만), 糸(실 사), 考(상고할 고), 臣(신하 신)
7획	吳(오나라 오), 抑(누를 억)
8획	兒(아이 아), 亞(버금 아), 孤(외로울 고)

❷ 한자의 필순

① 위에서 아래로 쓴다.

② 왼쪽에서 오른쪽으로 쓴다.

③ 좌우로 대칭이 되는 형태의 글자는 가운데 부분을 먼저 쓰고 왼쪽·오른쪽의 순서로 쓴다.

① 위에서 아래로

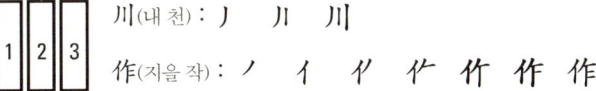

三(석 삼) : 一　二　三

亨(형통할 형) : 丶　亠　亠　亩　高　亨　亨

② 왼쪽에서 오른쪽으로

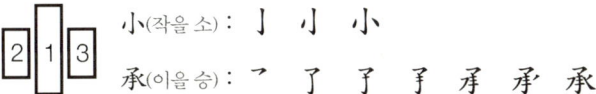

川(내 천) : 丿　刂　川

作(지을 작) : 丿　亻　亻　仁　仁　作　作

③ 가운데 부분 먼저

小(작을 소) : 丨　小　小

承(이을 승) : 丆　了　了　手　承　承　承

④ 가로·세로가 겹칠 때에는 가로 획을 먼저 긋는다.

⑤ 가운데를 뚫는 획은 나중에 긋는다.

⑥ 허리를 끊는 획은 나중에 긋는다.

④ 가로·세로가 겹칠 때

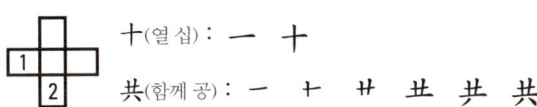

十(열 십) : 一　十

共(함께 공) : 一　十　卄　丗　共　共

⑤ 가운데를 뚫는 획

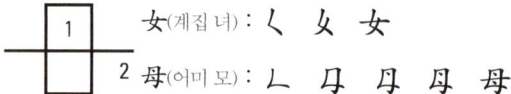

中(가운데 중) : 丶 ㄇ 口 中

伸(펼 신) : 丿 亻 仒 仞 仴 伸

⑥ 허리를 끊는 획

女(계집 녀) : 𡿨 㐅 女

母(어미 모) : ㇄ ㇉ 毌 母 母

⑦ 아래로 에운 획

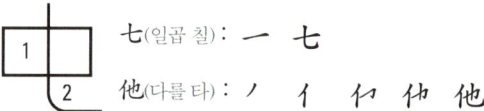

七(일곱 칠) : 一 七

他(다를 타) : 丿 亻 仒 仙 他

⑧ 받침은 나중에

廷(조정 정) : 丶 二 千 壬 任 廷 廷

近(가까울 근) : 丶 厂 斤 斤 沂 沂 近 近

⑨ 위에서 아래로 에워싼 획

力(힘 력) : 𠃌 力

方(모 방) : 丶 二 宁 方

⑩ 오른쪽 위에 있는 점

1	代(대신할 대) : ノ　イ　仁　代
2 3	咸(다 함) : ノ　厂　厂　厃　厉　咸　咸　咸

⑪ 몸과 안이 있을 때

1	月(달 월) : ノ　几　月
2 3	回(돌아올 회) : ｜　冂　冂　同　同　回

그 밖의 특수한 필순

① 좌우를 먼저 쓰고 한가운데 부분을 나중에 쓰는 경우(③의 예외)

　火(불 화) : 丶　丷　少　火

② 받침이 독립된 글자로 쓰이는 '走' 나 '是' 등은 먼저 쓴다.

　起(일어날 기) : 十　土　キ　キ　走　走　起　起　起

③ 삐침(ノ)은 파임(乀)보다 먼저 쓴다.

　文(글월 문) : 亠　亠　文

필순의 중요성

① 행서行書나 초서草書와 같이 한자를 간략하고도 자연스럽게 쓰고자 할 때, 속필速筆하

　면서 아름답게 쓸 수 있다.

② 한자의 구조를 이해할 수 있다.

③ 서예書藝에서 자체字體의 균형을 기할 수 있다.

해석 연습

조선역사상朝鮮歷史上 일천년래一千年來 제1대사건第一大事件 ─ 신채호申采浩

一. 民族의 盛衰는 매양 그 思想의 趨向如何에 달린 것이며, 思想趨向의 或左或
右는 매양 某種 事件의 影響을 입는 것이다.

字義

衰 쇠할 쇠
趨 달릴 추
或 혹 혹
某 아무 모
種 종류 종, 씨 종
影 그림자 영
響 울릴 향

語句

趨向 추향. 趨勢(추세)
或左或右 혹은 (어떤 것은) 왼쪽으로 가고, 혹은 (어떤 것은)
오른쪽으로 감

제국주의帝國主義와 민주주의民族主義 ─ 신채호申采浩

二. 惟컨대 韓國同胞는 民族主義를 大奮發하여, '我族의 國은 我族이 主張한다'
하는 壹句로 護身符를 作하여 民族을 保全할지어다.

字義

惟 생각할 유, 오직 유
奮 떨칠 분
族 겨레 족
壹 한 일
護 보호할 호
符 부적 부
帝 임금 제

語句

惟컨대 생각하건대
主張한다 중심이 되어 스스로 맡아 처리한다.
壹句 한 구절

대한大韓의 희망希望 — 신채호申采浩

三. 過去의 無希望으로 其 苦痛이 此極에 已至하였거늘 現在에도 無希望하면 未
　　來에 苦痛이 將又何境에 至하리오. 勉할지어다. 我 韓人아.

字義

已 이미 이
至 이를 지
將 장차 장
又 또 우
勉 힘쓸 면

語句

此極에 已至하였거늘 이러한 극한極限에 이미 도
　　　달하였거늘
將又 장차 또한

이태리건국삼걸전伊太利建國三傑傳 서序 — 신채호申采浩

四. 愛國者가 有한 國은 雖弱이나 必强하며 雖衰나 必盛하며 雖亡이나 必興하며
　　雖死나 必生하나니, 至哉라 愛國者여, 聖哉라 愛國者여.

字義

雖 비록 수
興 흥할 흥, 일어날 흥
哉 어조사 재
聖 성스러울 성
傑 호걸 걸

語句

雖弱이나 비록 약하더라도 *雖 : 비록
必强하며 반드시 강해지며 *必 : 반드시
至哉라 지극하여라 *哉는 감탄을 나타내는 종결조사

한자의 정자正字와 속자俗字

속자俗字와 약자略字는 복잡한 형태의 한자를 간결하게 표시하는 방법이다. 일상생활에서 널리 쓰이고 있으며 중국이나 일본에서도 사용되고 있다.

價 – 価 (값 가)	靈 – 灵 (신령 령)	醫 – 医 (의원 의)
輕 – 軽 (가벼울 경)	禮 – 礼 (예도 례)	莊 – 庄 (별장 장)
經 – 経 (지날 경)	龍 – 竜 (용 룡)	傳 – 伝 (전할 전)
館 – 舘 (집 관)	萬 – 万 (일만 만)	點 – 点 (점 점)
關 – 関 (관계할 관)	賣 – 売 (팔 매)	證 – 証 (증거 증)
廣 – 広 (넓을 광)	發 – 発 (필 발)	參 – 参 (참여할 참)
敎 – 教 (가르칠 교)	邊 – 辺 (가 변)	處 – 処 (곳 처)
區 – 区 (구역 구)	佛 – 仏 (부처 불)	鐵 – 鉄 (쇠 철)
舊 – 旧 (옛 구)	辭 – 辞 (말씀 사)	廳 – 庁 (관청 청)
團 – 団 (둥글 단)	雙 – 双 (짝 쌍)	體 – 体 (몸 체)
擔 – 担 (멜 담)	敍 – 叙 (펼 서)	澤 – 沢 (못 택)
當 – 当 (마땅할 당)	聲 – 声 (소리 성)	學 – 学 (배울 학)
黨 – 党 (무리 당)	實 – 実 (참 실)	號 – 号 (부를 호)
對 – 対 (대할 대)	壓 – 圧 (누를 압)	畫 – 画 (그림 화)
獨 – 独 (홀로 독)	與 – 与 (줄 여)	黃 – 黄 (누른빛 황)
亂 – 乱 (어지러울 란)	藝 – 芸 (재주 예)	會 – 会 (모을 회)
戀 – 恋 (그리워할 련)	應 – 応 (응할 응)	效 – 効 (본받을 효)

1. 다음 중 한자의 획수로 올바르지 않은 것은?

　① 乃, 七 : 2획　　② 千, 也 : 3획　　③ 女, 乞 : 4획　　④ 凹, 凸 : 5획

2. 다음 한자들을 자전字典의 총획색인總劃索引에서 찾으려 한다. 각각 몇 획에서 찾아야 하는가?

　① 乙　　　　② 友　　　　③ 弗　　　　④ 抑　　　　⑤ 亞　　　　⑥ 晝

3. 한자의 필순에 대한 설명 중 옳지 않은 것은?

　① 川 : ノ　ノ丨　ノ丨丨　　② 回 : 丨　冂　冂　回　回　回
　③ 七 : 一　七　　　　④ 力 : フ　力

4. 다음 중 필순에 관한 도해가 옳지 않은 것은?

　①　②　③　④

5. 한자의 필순은 대체로 다음과 같다. ( ) 속에 들어갈 말을 쓰시오.

　① (　　　　　　　　　)
　② 왼쪽에서부터 오른쪽으로
　③ 가로세로가 겹칠 때는 가로의 획을 먼저
　④ 몸과 안이 있을 때는 몸을 먼저
　⑤ 받침은 走, 是 등은 먼저 쓰되, 辶, 廴 등은 나중에 쓴다.

6. 다음 낱말을 한자로 쓰시오.

　① 필순　　　② 특수　　　③ 동포
　④ 추향　　　⑤ 영향　　　⑥ 분발

7. 다음 한자의 독음讀音이 틀린 것을 고르시오.

    ① 悲運(비운)   ② 遊說(유세)   ③ 洞察(동찰)   ④ 標識(표지)

8. 다음 속자俗字들은 일반적으로 많이 쓰이고 있는 것들이다. 각각 정자正字로 고쳐 쓰시오.

    ① 広   ② 党   ③ 独

    ④ 礼   ⑤ 万   ⑥ 伝

9. 다음 한자들을 일반적으로 많이 쓰고 있는 속자俗字로 고쳐 쓰시오.

    ① 價   ② 佛   ③ 亂

    ④ 舊   ⑤ 對   ⑥ 體

10. 다음 글을 읽고 물음에 답하시오.

    惟컨대 韓國同胞는 民族主義를 大奮発⊙하여, '我族의 國은 我族이 主張한다' 하는 壹ⓒ句로 護身符를 作하여 民族을 保全할지어다.

1) ㉠을 정자正字로 고쳐 쓰시오.

2) ㉡을 다른 한자로 바꾼다면 어떤 글자로 쓸 수 있는가?

5. 한자의 특성

❶ 한자의 특징

표의문자

한자는 하나의 형태가 하나의 음절音節을 나타내는 동시에 하나의 개념을 나타낸다. 그것을 각각 형形·음音·의義라고 하며, 한자는 이 세 가지 요소로 이루어져 있다.

● 표의문자와 표음문자

현재 인류가 사용하고 있는 문자는 일반적으로 표의문자表意文字와 표음문자表音文字로 나누어볼 수 있다. 알파벳이나 한글, 일본의 가나 등이 표음문자에 속한다면, 한자는 표의문자의 대표적인 경우이다. 표음문자가 글자의 음을 표시하는 것을 주된 기능으로 한다면, 표의문자는 글자의 뜻을 표시하는 것을 주된 기능으로 한다. 그러나 알파벳의 예를 통해 보건대 현재의 표음문자도 고대의 표의문자에서 출발한 것임을 알 수 있다. 옛날 한자 사용자들은 여러 가지 여건상 표의문자를 알파벳 같은 표음문자로 변화시켜야 할 필요를 느끼지 못했던 것으로 보인다.

● **알파벳의 변천**(표의문자에서 표음문자로)

이집트 문자	페니키아 문자	그리스 문자	로마자

● **표의문자인 한자의 단점**

일반적으로 한자는 표의문자로 알려져 있다. 한자가 표의문자로서 갖는 장점은, 각각의 글자가 고유한 뜻을 지니고 있으므로, 시각적 이해가 빠르다는 점이다. 그러나 이로 인한 단점도 다음과 같이 지적할 수 있다.

　① 문자와 언어가 분리되어 있다.
　② 획수가 많아서 구조가 복잡하다.
　③ 글자 수가 많아서 모두 기억할 수 없다.

단음절어

한자는 각각의 글자가 1음절一音節로 되어 있는 단음절어單音節語이다. 영어와 같은 표음문자는 하나의 단어가 1음절 이상으로 구성된 다음절어多音節語이다. 예를 들어보면, 'beautiful'은 beau-ti-ful의 세 음절로 되어 있음을 알 수 있는데, 이것을 한자로 바꿔 쓴다면 '美'와 같이 한 음절로 되는 것이다.

일자다음 一字多音 **현상**

단음절어인 한자는 하나의 글자가 또다른 음을 가질 수도 있는데, 이런 경우 뜻도 함께 달라진다. 다음은 두 가지 이상의 음을 가진 한자의 예이다.

● 두 가지 음을 가진 한자

한자	음·훈	쓰임	한자	음·훈	쓰임
更	갱 : 다시	更生(갱생)	復	복 : 회복하다	往復(왕복)
	경 : 고치다	更迭(경질)		부 : 다시	復活(부활)
見	견 : 보다	見學(견학)	惡	악 : 악하다	善惡(선악)
	현 : 나타나다	謁見(알현)		오 : 미워하다	憎惡(증오)
度	도 : 법도	制度(제도)	易	역 : 바꾸다	貿易(무역)
	탁 : 헤아리다	度支(탁지)		이 : 쉽다	難易(난이)
率	률 : 비율	比率(비율)	切	절 : 끊다	切斷(절단)
	솔 : 거느리다	率先(솔선)		체 : 모두	一切(일체)

● 세 가지 음을 가진 한자

한자	음·훈	쓰임	한자	음·훈	쓰임
龜	귀 : 거북	龜甲(귀갑)	說	설 : 말씀하다	說明(설명)
	구 : 땅이름	龜浦(구포)		세 : 달래다	遊說(유세)
	균 : 터지다	龜裂(균열)		열 : 기쁘다	說樂(열락)
樂	락 : 즐기다	樂園(낙원)	數	수 : 셈	算數(산수)
	악 : 풍류	音樂(음악)		삭 : 자주	頻數(빈삭)
	요 : 좋아하다	樂山(요산)		촉 : 촘촘하다	數罟(촉고)

고립어

한자는 어순語順이나 문장의 전후관계에 따라서 뜻이 달라질 뿐, 글자 자체의 변화는 일어나지 않는 고립어孤立語이다.

● **고립어**孤立語·**첨가어**添加語·**굴절어**屈折語

현재 인류가 사용하고 있는 언어는 그 성질에 따라 세 가지로 나눌 수 있다.

① **굴절어** : 영어와 같이 격변화나 인칭이나 수에 대한 동사의 변화가 있는 언어이다. 예를 들어 'beauty', 'beautiful' 등은 형태가 변화함에 따라서 품사가 달라

지고, 'do', 'did', 'done' 과 같이 시제時制에 따라서 형태가 바뀌는 것이다.

② **첨가어** : 우리말과 같이 명사에 조사를 붙이거나 어미를 첨가·변화시켜서 사용하는 언어이다. 예를 들어 '아름다움', '아름다운' 등은 어미가 바뀜에 따라서 뜻이 달라지고, '일을 한다', '일도 한다', '일은 한다'와 같이 조사의 변화에 따라 의미가 변하는 것이다.

③ **고립어** : 한문에서와 같이 명사의 단수·복수나 대명사의 격변화는 물론이고, 동사의 시제나 인칭에 따른 변화가 없는 것을 말한다. 따라서 어휘의 문법적 기능은 말의 형태에 의해서는 파악할 수 없고, 다만 문장 안에서의 배열·순서와 전후관계를 통해서 이해할 수 있다. 예를 들어서, '山高' 라고 하면 '산이 높다' 는 뜻이 되고, '高山' 이라고 하면 '높은 산' 이라는 뜻이 된다. 이와 같이 한문에서는 어순이 매우 중요한 위치를 차지하고 있음을 알아야 할 것이다.

❷ 한자의 3요소

한자는 하나의 글자를 이해하는 데 있어서 형形·음音·의義의 세 가지 요소가 동시에 필요하고, 또한 서로 밀접한 관계를 가지게 된다. 즉 세 가지 중에서 한 가지라도 모르면 그 글자를 이해할 수 없게 되므로, 이것이 한자 학습의 기초가 된다.

형形

한자는 글자마다 고유한 형태를 갖고 있으며, 따라서 글자의 모양을 통해서 시각적으로 다른 한자와 구별할 수 있게 된다.

한자의 형태는 '日', '月', '水', '木' 등과 같이 더 이상 나누어질 수 없는 것과 '林', '森', '江', '柱' 등과 같이 두 가지 이상의 부분이 결합된 것이 있다. 육서 가운데 상형과 지사의 일부분이 전자에 속한다면, 나머지 것은 후자에 속한다고 할 수 있다. 또 두 부분 이상으로 나누어지는 것은 그 가운데 한 부분이 부수에 해당하는 것임을 알 수 있을 것이다.

음音

한자는 글자마다 고유한 음音을 가지고 있다. 원칙적으로 한 글자는 하나의 음을 갖지만, '更', '復', '樂'과 같이 두 가지 음이나 세 가지 음을 가질 수도 있다. 또 같은 음을 갖는 글자가 여럿일 수도 있는데, 예를 들어서 '青', '晴', '請', '淸' 등은 우리말로 표기할 때 모두 '청'으로 읽게 된다. 수만 자의 한자가 몇백 개의 음절에 배당됨으로 한자 학습은 매우 혼란스러워진다. 중국에서는 이러한 혼란을 막고 좀 더 세밀하게 소리를 구분하기 위해 음절마다 고저장단高低長短을 조합하여 네 가지 방식을 만들어 덧붙였고, 이를 사성四聲이라고 부른다.

● 한자의 표음적 요소

일반적으로 한자는 표의문자로 알려져 있으나, 한편으로 표음적表音的 요소도 찾아볼 수 있다. 즉 한자가 시간에 따라 변화·발전해나가는 과정 속에서 자형字形의 구속을 벗어나 어느 정도 표음문자적表音文字的 성격을 띠게 된 것인데, 이것은 한자의 5분의 4를 차지하는 형성문자形聲文字에서 나타난다. 형성문자의 음부音符는 글자의 음과 관계된 것이므로 이를 통해서 모르는 글자의 음도 어느 정도 추정할 수 있다.

● 형성문자의 음부音符와 음音

음音	형성문자形聲文字	음부音符
란	蘭(난초 란), 欄(난간 란), 爛(빛날 란)	闌
랑	浪(물결 랑), 郎(사나이 랑), 朗(밝을 랑)	良
련	練(단련할 련), 鍊(단련할 련), 煉(쇠불릴 련)	柬
망	忙(바쁠 망), 忘(잊을 망), 茫(망망할 망)	亡
방	防(막을 방), 訪(찾아올 방), 妨(방해할 방)	方
성	盛(성할 성), 城(성 성), 誠(정성 성)	成
요	謠(노래 요), 搖(흔들 요), 遙(멀 요)	䍃
적	適(갈 적), 敵(대적할 적), 摘(딸 적)	啇

적	積(쌓을 적), 蹟(자취 적), 績(길쌈할 적)	責
제	題(제목 제), 提(끌 제), 堤(방죽 제)	是
주	注(물댈 주), 住(살 주), 柱(기둥 주)	主
창	蒼(푸를 창), 創(비롯할 창), 滄(푸를 창)	倉
천	淺(얕을 천), 賤(천할 천), 踐(밟을 천)	戔
청	晴(갤 청), 請(청할 청), 淸(맑을 청)	靑
편	篇(책 편), 編(엮을 편), 遍(두루 편)	扁
포	抱(안을 포), 胞(태 포), 飽(배부를 포)	包
피	彼(저 피), 被(입을 피), 疲(피곤할 피)	皮

의義

한자는 글자에 따른 고유한 뜻[義]을 가지게 된다. 이러한 한자의 뜻을 우리말로 새긴 것을 훈訓이라 한다.

한자의 뜻은 본래의 뜻으로 되어 있는 것[상형象形·지사指事·회의會意·형성形聲]과 그것을 전용轉用한 것[전주轉注·가차假借]으로 되어 있다. 영어와 같은 표음문자는 26개의 자모字母를 배열함으로써 하나의 단어를 만드는 데 비하여, 표의문자인 한자는 540여의 의미나 소리를 대표하는 조각인 편방偏旁을 조합하여 각각의 글자를 만든다. 이렇게 해서 만들어진 한자에는 여러 가지 뜻이 있으므로, 문장 안에서 배열·순서·전후관계 등을 통해서 정확한 뜻을 파악해야 한다.

한국통사韓國痛史 — 박은식朴殷植

一. 蓋 國은 形也요 史는 神也라. 神存而不滅이면 形이 有時而復活矣리라.

字義	語句
蓋 대개 개, 덮을 개	蓋 대개, 무릇
神 정신 신, 귀신 신	國은 形也요 나라는 형상이요. *也는 문장의 끝에서 단정을 나타내는 조사
滅 멸할 멸	而 말이을 이. '~하고'
復 다시 부, 회복할 복	有時而復活矣 때가 되어서는 다시 살아날 것이다. *有는 별다른 뜻 없이 사용된다. *
	矣는 문장 끝에서 단정을 나타내는 조사

敎育이 不興이면 生存을 不得 — 박은식朴殷植

二. 蓋 勢力은 生於智慧하고 智慧는 出於學問故로 現世界 文明 富强한 國民은 各
其學業을 勉勵하여 長其智識한 效果니 何可他求哉아.

字義	語句
於 어조사 어	生於智慧 지혜에서 발생하다. *於는 '~에서'를 나타내는 개
智 지혜 지	사(전치사)
慧 지혜 혜	長其智識 그 지식을 늘리다. *長은 '늘리다'의 뜻을 가진 동
勉 힘쓸 면	사로 쓰임
勵 힘쓸 려	何可他求哉 어찌 다른 데서 구할 수 있으랴. *可는 가능
效 효험 효, 본받을 효	을 나타냄
哉 어조사 재	

三. 問 : 汝는 被害함이 없는데 起鬧는 何故인가?

供 : 一身의 害를 爲하여 起包함이 어찌 男子의 事가 되리오. 衆民이 冤歎하는 故로 民을 爲하여 除害코자 함이다.

字義	語句
汝 너 여	汝 2인칭 대명사. '너'
被 입을 피	起鬧 소란을 일으킴
害 해 해, 해칠 해	起包 포조직包組織을 통하여 동학교도東學敎徒를 일으킴
鬧 소란 뇨, 시끄러울 뇨	除害 해가 되는 것을 없앰
供 진술할 공, 이바지할 공	供草 취조관의 질문에 답한 진술서
包 꾸러미 포	
衆 무리 중	
冤 원통할 원	
歎 탄식할 탄	

四. 問 : 東學이란 것은 何主意 何道學인가?

供 : 守心하여 忠孝로 本을 삼아 輔國安民하자는 것이다.

問 : 汝도 東學을 酷好하는 者인가?

供 : 東學은 守心敬天하는 道인 故로 酷好한다.

字義	語句
輔 도울 보	何主意 무슨 중요한 뜻
酷 심할 혹	輔國安民 나라를 돕고(지키고) 백성을 편안하게 함
守 지킬 수	守心敬天 마음을 굳게 지키고 하늘을 공경함
敬 공경할 경	

한자는 하나의 글자가 여러 가지 뜻을 갖는 경우가 많다. 어순語順이나 문장의 전후관계에 따라서 각각의 한자는 뜻이 달라진다. 예를 들면 다음과 같다.

假 거짓 가, 잠시 가, 가령 가	數 셈 수, 재주 수, 운수 수, 책할 수, 자주 삭
間 사이 간, 잠시 간, 이간할 간	是 이 시, 옳을 시, 곧을 시
見 볼 견, 나타날 현, 뵐 현	惡 악할 악, 추할 악, 미워할 오
更 고칠 경, 지날 경, 다시 갱	若 같을 약, 너 약, 만일 약
過 지날 과, 허물 과, 그릇될 과	與 줄 여, 더불어 여, 참여할 여
苟 구차할 구, 진실로 구, 만일 구	要 중요할 요, 구할 요, 기다릴 요
女 계집 녀, 딸 녀, 너 여	容 얼굴 용, 용서할 용, 용납할 용
度 법도 도, 지날 도, 헤아릴 탁	易 쉬울 이, 바꿀 역, 점괘 역
道 길 도, 이치 도, 말할 도	將 장차 장, 장수 장, 거느릴 장
亡 망할 망, 도망할 망, 없을 망	適 맞을 적, 편안할 적, 갈 적
方 모 방, 방위 방, 바야흐로 방	之 갈 지, 이를 지, 이에 지
比 견줄 비, 비례 비, 무리 비	疾 병 질, 미워할 질, 빠를 질
尙 숭상할 상, 오히려 상, 높을 상	殆 위태로울 태, 거의 태, 가까이할 태
相 서로 상, 용모 상, 정승 상	行 다닐 행, 행할 행, 항렬 항
嘗 맛볼 상, 일찍이 상, 시험할 상	活 살 활, 생기 있을 활, 물소리 괄

群鷄一鶴 _{군계일학}

많은 닭 가운데 한 마리의 학鶴과 같이, 여러 평범한 사람 가운데에 뛰어난 사람을 말함. 『진서晉書』에 보면 "어떤 사람이 왕융王戎에게 말하기를 '어제 많은 사람 가운데에서 처음으로 혜소稽紹를 보니 빼어나기가 많은 닭 가운데 학이 있는 것과 같았다'" 라고 했다. 『진서』는 진나라의 역사책이다.

연습 문제

1. 다음과 관계되는 것을 〈보기〉에서 찾으시오.

　　보기 : ㉠ 孤立語　㉡ 添加語　㉢ 屈折語　㉣ 單音節語　㉤ 表意文字

　① 하나의 한자는 각각 하나의 개념槪念을 나타낸다.
　② 하나의 한자는 각각 하나의 음音을 나타낸다.
　③ 한자는 어순語順이나 문장의 전후관계에 따라서 뜻이 달라진다.
　④ 영어는 격변화나 인칭·수에 따라서 동사動詞의 변화가 있다.
　⑤ 우리말은 명사에 조사를 붙이거나 어미를 변화시켜서 사용한다.

2. 다음에서 두 가지 이상의 음音을 갖지 않는 한자는?
　　① 更　　　② 度　　　③ 復　　　④ 逐

3. 다음 한자는 각각 세 가지 음音을 갖는 것들이다. 설명이 올바르지 않은 것은?
　　① 龜 : 거북 귀, 땅이름 구, 터질 균
　　② 說 : 말씀 설, 달랠 세, 기쁠 열
　　③ 惡 : 악할 악, 미워할 오, 어찌 언
　　④ 數 : 셈 수, 자주 삭, 촘촘할 촉

4. 다음 한자는 각각 육서六書 가운데 어디에 속하는가? 한자로 답하시오.
　　① 貝, 田, 門, 丘　　　② 誠, 港, 霜, 錢
　　③ 中, 本, 末, 刃　　　④ 鳴, 林, 集, 法

5. 다음 한자들을 의부意符(形符)와 음부音符(聲符)로 나누시오.

　　① 飯　　　② 賤　　　③ 被

　　④ 請　　　⑤ 浪　　　⑥ 忘

6. 한자의 3요소는 무엇인가?

7. 다음 한자의 독음을 쓰시오.

　　① 障碍　　　② 欽慕　　　③ 渴求　　　④ 根據　　　⑤ 包攝

8. 다음 낱말을 한자로 쓰시오.

　　① 지식　　　② 목적　　　③ 이성　　　④ 활동

9. '樂' 이란 한자는 '낙, 락' 이외에도 두 가지의 중요한 음과 훈을 가지고 있다. 그것을 다음 〈보기〉와 같은 방식으로 쓰시오.

　　보기 : 美 — 아름다울 미

10. 다음 문장을 읽고 물음에 답하시오.

　　一身의 害를 爲⊙하여 起⊙包함이 어찌 男⊙子의 事⊙가 되리오. 衆民이 寃歎하는 故
로 民을 爲하여 除害코자 함이다.

1) ⊙의 爲는 여러 가지 뜻으로 쓰인다. 다음 중 옳지 않은 것을 찾으시오.

　　① 爲民 : 백성을 '위하다'　　　② 不爲 : '하지' 않는다

　　③ 爲進士 : 진사가 '되다'　　　④ 爲政者 : 정치를 '위한' 사람

2) ㉡, ㉢은 각각 육서 가운데 어디에 속하는가?

3) ㉣의 事는 여러 가지 뜻이 있다. 관계없는 것을 찾으시오.

　　① 일　　　　②다스리다　　　　③ 일삼다　　　　④ 섬기다

2장

기초基礎

한문의 이해

1. 단어의 구성

❶ 주어 + 술어의 구성

A가 B이다 [명사 + 형용사]

山高　水清　月明　年少

A가 B하다 [명사 + 동사]

春來　花開　鳥飛　日沒

주어主語 + 술어述語 관계로 구성된 단어는 우리말 어순語順과 같다.

A가 B이다 [명사 + 형용사]

산이 높다.　물이 맑다.　달이 밝다.　나이가 젊다.

A가 B하다 [명사 + 동사]

봄이 오다.　꽃이 피다.　새가 날다.　해가 지다.

❷ 술어＋목적어의 구성

> **B를 A하다** [동사＋명사]
>
> 愛國　　讀書　　修學　　耕田

술어述語 ＋ 목적어目的語 관계로 구성된 단어는 우리말 어순과 달라서 목적어가 나중에 나온다.

B를 A하다 [동사＋명사]

나라를 사랑하다.　　책을 읽다.　　학문을 닦다.　　밭을 갈다.

한자어의 구조와 우리말의 구조

한문 어순은 구조상 우리말과는 다르다. 예를 들어 '讀書'의 경우, 우리말에서는 '책 [書]＋읽는다[讀]'의 어순이지만, 영어에서는 'read[讀]＋a book[書]'으로 어순이 한문과 가깝다. 이처럼 한문의 구조는 우리말의 구조와 다르기 때문에, 한문을 배우는 데 어려움이 따른다. 세종대왕이 훈민정음을 창제할 당시에, '국지어음國之語音이 이호중국異乎中國하여'라고 했던 것은 이와 같은 사정을 말하는 것이다.

❸ 술어＋보어의 구성

> **B에 A하다** [동사＋명사]
>
> 登山　　報國　　入學　　出戰

술어述語 ＋ 보어補語 관계로 구성된 단어도 역시 보어가 나중에 온다는 점에서 우리말 어순과는 다르고 영어 어순과 같다.

B에 A하다 [동사+명사]

　산에 오르다.　　나라에 보답하다.　　학교에 들어가다.　　전쟁터에 나가다.

주어의 생략

술어+보어 관계로 구성된 단어가 하나의 완전한 문장이 되기 위해서는 주어가 포함되어야 한다. 술어+목적어 관계로 구성된 단어도 주어가 포함되면 완전한 문장이 될 수 있을 것이다. 그러나 주어가 생략되었다고는 해도, 단어로 쓰일 때에는 아무런 문제가 없다. 한편 한문 문장 가운데서도 종종 주어가 생략되는데, 이러한 것도 한문의 한 특성이라고 말할 수 있다.

❹ 수식관계

A하는(A한) **B**

　① 高山　　明月　　幼兒　　賢人　[형용사+명사]

　② 流水　　飛鳥　　鬪犬　　走馬　[동사+명사]

A하게 B하다

　① 至當　　極大　　非常　　不利　[부사+형용사]

　② 自生　　復言　　直行　　漸進　[부사+동사]

수식관계修飾關係로 구성된 단어는 우리말 어순과 같다.

A하는(A한) **B**

① 형용사+명사

　높은 산　　밝은 달　　어린 아이　　어진 사람

② 동사+명사

흐르는 물   나는 새   싸우는 개   달리는 말

A하게 B하다

① 부사 + 형용사

　지극히 당연하다.　　매우 크다.　　보통이 아니다.　　이롭지 못하다.

② 부사 + 동사

　저절로 생기다.　　다시 말하다.　　바로 가다, 바로 행하다.　　점차로 나아가다.

특수한 용법

수식관계의 단어 중에는 명사 + 동사의 형태도 있다. 石造(돌로 짓다), 毒殺(독약으로 죽이다)
등이 그러한 경우이다.

❺ 병렬관계

> **A와(하고) B**
>
> 　① 貧富　　多少　　長短　　清濁　[대립]
> 　② 富貴　　勇仁　　優秀　　清明　[유사]

병렬관계並列關係로 구성된 단어는 서로 대립되는 개념이 합쳐진 것과 유사한 개념이 합
쳐진 것으로 나누어볼 수 있다. 특히 대립되는 개념이 합쳐졌을 경우에는 병렬의 뜻으
로 해석할 수도 있고, 선택의 뜻으로 해석할 수도 있다.

A와(하고) B

① 대립되는 개념

　가난함과 부유함　　많고 적음　　길고 짧음　　맑고 흐림

② 유사한 개념

  부유하고 귀함   용감하고 어짊   남보다 낫고 뛰어남   맑고 밝음

병렬과 선택

'勝敗'라고 하는 단어는 '勝과 敗'라고 풀이할 수도 있으나, 경우에 따라 '勝 혹은 敗'처럼 선택의 뜻으로 볼 수 있다.

> 殺生 = '殺과 生' 또는 '殺 혹은 生'
> 貴賤 = '貴과 賤' 또는 '貴 혹은 賤'

而, 與, 且

병렬관계로 구성된 단어의 특징은 두 글자 사이에 而(이), 與(여), 且(차) 등의 접속사를 넣어도 뜻이 통한다는 점이다.

> 富貴 : 富且貴   勇仁 : 勇而仁   貧富 : 貧與富

❻ 그 밖의 단어 구성

접미사가 붙는 단어

> 然 : 肅然, 泰然, 偶然
> 的 : 世界的, 浪漫的
> 化 : 美化, 近代化, 敎化

시간적 계속관계 繼續關係

'擊破'라는 단어는 두 개의 동사가 합쳐진 것인데, 이때 두 개의 동사는 시간적으로 계속관계에 있음을 알 수 있다. 즉 '擊破'는 '쳐서 깬다'는 뜻으로, '擊而破之'(쳐서 그것을 깬다)와 같이 '而'자를 넣어서 의미를 더 분명하게 할 수도 있다.

散走(산주) : 흩어져서 달아나다. = 散而走

逃走(도주) : 피해 달아나다. = 逃而走

해석 연습

후한서後漢書

一. 有志者는 事竟成이라.

字義	語法	새기는 순서
有 있을 유	志·者·事 명사	有志者는 事竟成이라. 2 1 3 5 4 6
志 뜻 지	竟 부사	
竟 마침내 경		
成 이룰 성		

논어 論語

二. 德不孤니 必有隣이니라.

字義	語法	새기는 순서
德 덕 덕, 큰 덕	德·隣 명사	德不孤니 必有隣이니라. 1 3 2 4 6 5
孤 외로울 고	孤 형용사	
必 반드시 필	必 부사	
隣 이웃 린		

명심보감明心寶鑑

三. 至樂은 莫如讀書라.

字義	語法	새기는 순서
至 지극할 지, 이를 지	至樂 지극한 즐거움. *至急 :	至樂은 莫如讀書라. 1 2 5 4 3
樂 즐거울 락, 즐길 락	매우 급함. 至誠 : 매우 지극	
莫 없을 막	한 정성	
如 같을 여	莫如 ~만 같음이 없다.	

결고동포訣告同胞 ― 민영환閔泳煥

四. 要生者는 必死하고, 期死者는 得生이니라.

字義

要 구할 요, 중요할 요
期 기약할 기
得 얻을 득

語法

要生者 살려고 하는 사람, 살
　　기를 바라는 사람
得生 살 수 있다. 得은 영어의
　　'can'과 같은 뜻

새기는 순서

要生者는 必死하고,
　2　1　3　　4　5

期死者는 得生이니라.
　7　6　8　　10 9

명심보감明心寶鑑

五. 種瓜得瓜요 種豆得豆라.

字義

種 심을 종, 씨 종
瓜 오이 과
得 얻을 득
豆 콩 두

語法

種·得 동사
瓜·豆 명사

새기는 순서

種瓜得瓜요
　2　1　4　3

種豆得豆라.
　6　5　8　7

논어論語

六. 三人行에 必有我師焉이라.

字義

行 다닐 행, 행할 행
我 나 아
師 스승 사
焉 어조사 언

語法

行 '가다'의 뜻
我師 나의 스승(나의 스승이 될
　　　만한 일)
焉 단정의 뜻을 나타내는 조사

새기는 순서

三人行에
　1　2　3

必有我師焉이라.
　4　6　5　7

可 **옳을 가, 들을 가, 가히 가**

① 可 '좋다', '옳다'

: 人而無信 不知其可也 사람으로서 신용이 없으면 그 옳은 것을 알지 못하게 된다.(즉, 쓸 만한 데가 없다.)

② 可 '듣는다', '들어주다'

: 許可 일이나 행동을 하도록 허용하다.

③ 可 '~할 수 있다', '~할 만하다'. 가능·추측의 뜻

: 知足可樂 務貪則憂 만족할 줄 알면 즐거울 수 있고, 탐욕에 힘쓰면 근심스러울 것이다.

④ 可以 '~할 수 있다'. 가능의 뜻

: 波靜風順 可以行船 물결이 잔잔하고 바람이 순하니 배를 가게 할 수 있다.

⑤ 可謂 '~라고 이를 수 있다'

: 可謂仁也 인仁이라고 이를 수 있다.

⑥ 不可 '~할 수 없다', '~해서는 안 된다'

: 人之容貌 不可變醜爲姸 사람의 용모는 미운 것을 고쳐서 곱게 만들 수는 없다.

 曷 **어찌 갈**

① 曷 '어찌'. 의문부사. 胡(어찌 호)·奚(어찌 해)·何(어찌 하)와 같이 쓰임

: 吾曷愛一牛 내가 어찌 한 마리 소를 아끼겠는가?

敢 **굳셀 감, 감히 할 감, 감히 감**

① 敢 '굳세다'

: 勇敢 씩씩하고 기운차다.

② 敢 '감히 ~하다'

: 子無敢食我也 너는 감히 나를 잡아먹지 못한다.

③ 敢不 '감히 ~않겠는가'

: 敢不走乎 감히 달아나지 않겠는가.

④ 不敢不 '감히 ~하지 않을 수 없다'

: 不敢不盡心 마음을 다하지 않을 수 없다.

捲土重來 권토중래

흙먼지 일으키며 다시 온다는 뜻. 당나라의 시인 두목杜牧이, 31세로 세상을 떠난 항우를 회상하며 지은 시詩 가운데 "강동江東의 자제子弟엔 준재俊才가 많으니, 흙먼지 일으키며 다시 왔을지도 모르지 않는가"라는 구절이 있다 여기서 유래한 말로 한 번 실패한 사람이 그 실패에 굴하지 않고 다시 일어남을 뜻한다.

1. 다음 단어 가운데 주어+술어의 형태로 구성되지 않은 것은?

    ① 年少   ② 日沒   ③ 耕田   ④ 花開

2. 다음 단어 가운데 주어가 생략되어 있는 형태는?

    ① 山高   ② 修學   ③ 水淸   ④ 春來

3. 다음에 관계되는 것을 〈보기〉에서 찾으시오.

    보기 : ㉠ 幼兒, 飛鳥   ㉡ 入學, 登山   ㉢ 愛國, 習字   ㉣ 長短, 勇仁

    ① 술어+목적어   ② 술어+보어   ③ 수식관계   ④ 병렬관계

4. 다음 낱말 중에서 그 가운데에 '而' 자를 넣어서 뜻이 통할 수 없는 것은?

    ① 貧富   ② 富貴   ③ 優秀   ④ 走馬

5. '至當' 이란 단어는 부사+형용사의 형태로서 수식관계에 속한다. 이것과 같은 형태
    의 단어 구성을 찾으시오.

    ① 極大   ② 自生   ③ 流水   ④ 賢人

6. 다음 낱말 가운데 우리말의 어순과 같은 것은?

    ① 報國   ② 修學   ③ 出戰   ④ 復言

7. 다음 낱말을 한자로 쓰시오.

    ① 숙연   ② 낭만   ③ 귀천   ④ 관계   ⑤ 수식   ⑥ 선택

8. 다음 한자 숙어의 빈칸에 알맞은 것은?

    1) 吳越□舟 : ① 動 ② 同 ③ 冬 ④ 童

    2) 榮□盛衰 : ① 高 ② 古 ③ 枯 ④ 故

    3) 命在□刻 : ① 京 ② 慶 ③ 項 ④ 頃

9. 다음 문장을 해석하시오.

    ① 人而無信 不知其可也

    ② 波靜風順 可以行船

    ③ 人之容貌 不可變醜爲姸

10. 다음 글을 읽고 물음에 답하시오.

    가. 有志㉠者는 事竟㉡成이라.

    나. 至樂㉢은 莫如㉣讀書라.

    다. 三人行에 必有我師㉤焉이라.

1) ㉠의 志와 같은 뜻으로 쓰이지 않은 것은?

    ① 志士   ② 志節   ③ 三國志   ④ 鬪志

2) ㉡의 뜻에 해당하는 3음절로 된 고유한 우리말은?

3) ㉣과 같은 뜻으로 쓸 수 없는 것은?

    ① 莫不   ② 不若   ③ 莫若   ④ 不如

4) ㉢과 ㉤은 어떤 관계로 구성되어 있는가?

    ① 수식관계   ② 병렬관계   ③ 주어＋술어   ④ 술어＋목적어

2. 문장의 성분

① 주어 + 술어 (S+V)

무엇이 무엇이다 [주어+술어(명사)]

① 吾等 韓國人也

② 鄭夢周 忠臣也

③ 孔子 聖人也

무엇이 어찌하다 [주어+술어(동사)]

① 鳥飛

② 月落

③ 花開

무엇이 어떠하다 [주어+술어(형용사)]

① 水淸

② 月明

③ 草木甚美

한문 문장 구성에 가장 기본이 되는 것은 주어＋술어 형태이다. 이것은 영어의 제1형식과 유사하다. 구문句文에는 각각의 역할을 담당하는 성분이 있다. 주체主體가 되는 부분을 주어성분이라 하고, 종속從屬되는 부분을 술어성분이라 한다.

무엇이 무엇이다 [주어＋술어(명사)]

① 우리들은 한국인이다.

② 정몽주는 충신이다.

③ 공자는 성인이다.

무엇이 어찌하다 [주어＋술어(동사)]

① 새가 날다.

② 달이 지다.

③ 꽃이 피다.

무엇이 어떠하다 [주어＋술어(형용사)]

① 물이 맑다.

② 달이 밝다.

③ 초목이 매우 아름답다.

❷ 주어＋술어＋보어(S＋V＋C)

무엇이 어찌하다 무엇에

① 吾等 合格 大學入試

② 日沒于西山

③ 良藥苦於口

무엇이 어찌하다(되다) 무엇이

① 雲爲雨

② 高岸爲谷

③ 乞人爲王

무엇이 어떠하다 무엇보다

① 苛政猛於虎

② 百聞不如一見

③ 遠親不如近隣

보어를 넣어서 뜻을 분명하게 하는 형태이다. 구문에서 주어와 술어만으로는 뜻이 완전하지 않을 때 뜻을 더욱 명확히 해주는 목적어와 보어 성분이 필요하게 된다. 특히 보어는 술어를 보충하는 기능을 한다. 주어 + 술어 + 보어의 구조는 영어의 제2형식과 유사하다.

무엇이 어찌하다 무엇에

① 우리들은 대학입시에 합격하였다.

② 해가 서산으로 지다.

③ 좋은 약은 입에 쓰다.

무엇이 어찌하다(되다) 무엇이

① 구름이 비가 되다

② 높은 언덕이 계곡이 되다.

③ 거지가 왕이 되었다.

무엇이 어떠하다 무엇보다

① 가혹한 정치는 호랑이보다 사납다.

② 백 번 듣는 것이 한 번 보는 것만 못하다.

③ 멀리 사는 친척은 가까이 사는 이웃보다 못하다.

보어의 품사 品詞

보어는 일반적으로 명사·형용사 등이 쓰인다. 또 '개사介詞(=전치사)+명사名詞'의 형태로
된 것도 볼 수 있다.

① 명사로 된 경우

　　我是<u>學生</u> 나는 학생이다.

② 형용사로 된 경우

　　王以爲<u>然</u> 왕은 그렇게 여기다.

③ '개사＋명사'로 된 경우

　　日出<u>於東海</u> 해가 동해에서 떠오르다.

❸ 주어＋술어＋목적어(S+V+O)

무엇이 어찌하다 무엇을

　① 我讀書

　② 王好戰

　③ 少年植木

한문에서도 타동사他動詞의 경우에 목적어가 필요하다. 이러한 문장 구성은 우리말의 어
순과 다르다는 점에 주의해야 한다. 영어에서 말하는 제3형식과 유사한 형태이다.

무엇이 어찌하다 무엇을

① 나는 책을 읽는다.

② 왕이 전쟁을 좋아하다.

③ 소년이 나무를 심는다.

영어의 제4형식과 한문의 비교

'선생님이 나에게 좋은 말씀을 해주셨다' 라고 할 때, 좋은 말씀을 '善言', 해주셨다를 '與' 로 하여 문장을 만들면 '先生與我善言' 이 된다. 이때 '先生' 은 명사로 주어, '與' 는 동사로 술어, 그리고 '我' (대명사)와 '善言' (명사)은 목적어가 되는데, 앞의 '我' 를 간접 목적어, 뒤의 '善言' 을 직접목적어로 볼 수 있다.

이것을 영어의 제4형식과 비교하면 다음과 같다.

구분	주어(S)	술어(V)	간접목적어(I.O.)	직접목적어(D.O.)
한문	先生	與	我	善言
영어	Teacher	gave	me	an admonition

❹ 주어+술어+목적어+보어(S+V+O+C)

무엇이 어찌하다 무엇을 어떠하게

① 父母稱吾幼兒

② 世人謂我道人

③ 我云此知己

무엇이 어찌하다 무엇을 무엇에게

① 孔子問禮於老子

② 先生與一書於我

③ 先生講漢文於學生

영어의 제5형식과 유사한 형태가 한문에서도 쓰인다. 이 경우는 문장의 뜻을 좀 더 명확하고 상세하게 하기 위해서 목적어와 보어를 함께 쓰는 것이다. 대개 목적어가 보어 앞에 오지만, 그렇지 않은 특수한 형태도 있다.

무엇이 어찌하다 무엇을 어떠하게

① 부모는 나를 어린애라 부른다.

② 세상 사람들이 나를 도인이라 이른다.

③ 나는 이것을 지기知己라 한다.

무엇이 어찌하다 무엇을 무엇에게

① 공자가 노자에게 예禮를 물었다.

② 선생이 나에게 한 권의 책을 주었다.

③ 선생이 학생에게 한문을 강의한다.

※ 이 경우에는 특히 '개사(=전치사)+명사'가 보어의 구실을 한다는 점에 유의할 것

영어의 제5형식과 한문의 비교

구분	주어(S)	술어(V)	목적어(O)	보어(C)
한문	父母	稱	吾	幼兒
영어	Parents	call	me	a baby

❺ 한문의 기본 구조

주어＋술어＋(목적어)＋(보어)

한문에서 가장 중요한 문장성분은 주어와 술어이다. 이러한 주어와 술어를 문장의 주요 성분이라 하고 목적어와 보어는 보조성분이라고 한다. 기본 구조는 영어와 유사하다. 실제 한문 문장들이 모두 위에서 말한 기본 구조에 들어맞지는 않는다. 그것은 한문 특유의 생략省略과 도치倒置가 있기 때문이다. 생략과 도치에 대해서는 뒤에서 다시 다룬다.

한문과 영어의 기본 구조 비교

한문 문장은 영어 문장과 기본 구성이 유사한 점이 많다. 앞에서 설명한 한문의 기본형 네 가지를 영어 문장 5형식과 비교해보면 다음과 같다.

구분 영어의 5형식	한문	영어
제1형식	주어+술어 月明 달이 밝다.	S+V The moon is bright.
제2형식	주어+술어+보어 我是學生 나는 학생이다.	S+V+C I am a student.
제3형식	주어+술어+목적어 我讀書 나는 책을 읽는다.	S+V+O I am reading a book.
제4형식	주어+술어+간접목적어+직접목적어 先生與我善言 선생님이 나에게 좋은 말씀을 해주셨다.	S+V+I.O.+D.O. Teacher gave me an admonition.
제5형식	주어+술어+목적어+보어 父母稱吾幼兒 부모님은 나를 어린애라 부른다.	S+V+O+C Parents call me a baby.

초학지요初學知要

一. 盡人事而後에 待天命하라.

字義	語法	새기는 순서
盡 다할 진	盡, 待 동사	盡人事而後에 　2　1　3　4
而 말이을 이(~하고서, 접속사)	人事, 天命 명사	待天命하라. 　6　5
待 기다릴 대		

사기史記

二. 愚者라도 千慮면 必有一得이니라.

字義	語法	새기는 순서
愚 어리석을 우	千慮 천 번 생각하다.	愚者라도 千慮면 　1　　　2　3
慮 생각할 려	一得 한 가지 얻음	必有一得이니라. 　4　7　5　6

손자孫子

三. 知彼知己면 百戰不殆니라.

字義	語法	새기는 순서
彼 저 피	彼 3인칭 대명사(영어의 'he' 또	知彼知己면 　2　1　4　3
己 자기 기, 몸 기	는 'one' 에 해당)	百戰不殆니라. 　5　6　8　7
戰 싸울 전	己 자기 자신, 1인칭 대명사(영	
殆 위태로울 태	어의 'myself')	

四. 不入虎穴이면 不得虎子라.

字義	語法	새기는 순서

虎 범 호
穴 구멍 혈
	入, 得 동사	不入虎穴이면
		  3 2 1
		
		不得虎子라.
		  6 5 4

五. 家貧에 思良妻하고, 國亂에 思良臣이라.

字義	語法	새기는 순서
貧 가난할 빈 思 생각할 사 亂 어지러울 란	家貧↔國亂 思良妻↔思良臣	家貧에 思良妻하고, 1 2 5 3 4 國亂에 思良臣이라. 6 7 10 8 9

六. 耕當問奴하고 織當問婢라.

字義	語法	새기는 순서
耕 밭갈 경 當 마땅할 당 奴 종 노 織 짤 직 婢 계집종 비	耕 밭 갈기 織 베 짜기 當 마땅히. 품사는 부사	耕當問奴하고 1 2 4 3 織當問婢라. 5 6 8 7

蓋 덮을 개, 뚜껑 개, 대개 개

① 蓋 '덮다', '뚜껑'

　: 氣蓋世(기개세) 기개가 세상을 덮음

② 蓋 '대개'

　: 蓋自此始(개자차시) 대개 이로부터 시작한다.

見 볼 견, 당할 견, 뵐 현, 나타날 현, 나타낼 현

① 見(견) '보다'

② 見(견) '당하다'. 피동을 만드는 조동사

　: 見逐於君(견축어군) 임금에게 축출을 당하였다(쫓겨났다).

③ 見(현) '뵙다'

④ 見(현) '나타나다', '나타내다'

　: 有道則見(유도즉현) 도道가 있으면 나타난다.

　: 不見喜慍色(불현희온색) 기쁘거나 성내는 기색을 나타내지 않는다.

更 고칠 경, 시각 경, 다시 갱

① 更(경) '고치다'

　: 更張(경장) 풀어진 것을 고쳐서 새롭고 긴장되게 함

② 更(경) '시각'

　: 三更(삼경) 하룻밤을 다섯으로 나누었을 때 세 번째. 곧 자정子正 무렵

③ 更(갱) '다시'

　: 更生(갱생) 다시 살아남. 못 쓰게 된 것을 고쳐서 다시 쓸 수 있게 만듦

　: 更選(갱선) 다시 뽑음

: 更少年(갱소년) 다시 젊어짐

: 更新(갱신) 다시 새로워짐

: 更進(갱진) 다시 나아감. 다시 드림

洛陽紙價貴 낙양지가귀

『진서晉書』에 나오는 일화로, 제齊나라의 좌사左思라는 선비는 용모는 추하나 글솜씨가 뛰어났다. 그가 십 년에 걸쳐서 완성한 〈삼도부三都賦〉란 문장은 처음에는 세상 사람들의 인정을 받지 못했으나, 유명한 시인詩人 장화張華가 극찬을 하고서 바로 유명해졌다. 그리하여 당시 사람들이 다투어서 베껴두려는 바람에 낙양洛陽의 종이값이 비싸졌다고 한다. 여기서 유래하여 훌륭한 글을 다투어 베끼느라 종이의 수요需要가 늘어서 값이 등귀騰貴한다는 뜻으로, 문장文章의 훌륭함을 칭송할 때 쓰는 말이다.

1. 다음 문장에서 밑줄 친 부분의 문장성분을 쓰시오.

   1) 日出於東海
      ①② ③

   2) 孔子問禮於老子
      ① ②③ ④

   3) 世人謂我道人
      ① ②③ ④

   4) 少年植木
      ① ②③

2. 다음 항에 관계되는 것을 보기에서 찾으시오.

   보기 : ㉠ 乞人爲王 ㉡ 草木甚美 ㉢ 先生講漢文於學生 ㉣ 王好戰

   ① 주어 + 술어
   ② 주어 + 술어 + 보어

   ③ 주어 + 술어 + 목적어
   ④ 주어 + 술어 + 목적어 + 보어

3. 다음 빈칸에 알맞은 한자를 쓰시오.

   先生與我一書(Teacher gave me a book.)

   先生與一書□我(Teacher gave a book to me.)

4. 다음 빈칸에 알맞은 한자를 보기에서 고르시오.

   보기 : ㉠ 於 ㉡ 此 ㉢ 是 ㉣ 也

   ① 吾等韓國人□   ② 苛政猛□虎   ③ 我□學生

5. 다음 문장에서 각각 목적어를 찾으시오.

　①　吾日三省吾身　　　　②　旅鳥懷舊林

　③　吾嘗聞大勇於夫子　　④　父母稱吾幼兒

6. 다음 밑줄 친 한자의 독음과 뜻을 쓰시오.

　①　有道則<u>見</u>　　　　　②　<u>更</u>改

　　　百聞不如一<u>見</u>　　　　<u>更</u>生

　③　制<u>度</u>　　　　　　　　④　醜<u>惡</u>

　　　<u>度</u>支部　　　　　　　　羞<u>惡</u>之心

7. 다음 문장을 해석하시오.

　①　良藥苦於口　　　　　②　不見喜慍色

8. 다음 독음이 틀린 것을 찾으시오.

　①　踏査(답사)　　②　愼重(신중)　　③　國寶(국보)　　④　敦睦(돈독)

9. 다음 낱말을 한자로 쓰시오.

　①　보장　　　　②　우월　　　　③　이단　　　　④　병폐

10. 다음 빈칸에 알맞은 한자를 써넣으시오.

　①　盡人事而後에 待□□하라　　②　□□라도 千慮면 必有一得이니라

　③　國亂에 思□□이라　　　　　④　知彼知己면 □□不殆니라

❶ 한문의 어순

주어와 술어

① 鳥飛　　山高　　花開
　　주 술　　주 술　　주 술

② 孔子 聖人也
　　주　　술

우리말이나 영어에서도 볼 수 있는 것처럼 주어는 술어 앞에 온다.

① 새가 날다.　　산이 높다.　　꽃이 피다.

② 공자는 성인이시다.

❖ 술어 + 주어인 경우

감탄이나 강조를 위한 도치문倒置文에서는 술어가 주어 앞에 놓일 수 있다.

賢哉回也 어질구나 顔回(안회)여!
술　　주

甚矣 吾衰也 심하구나 나의 쇠약함이여!
술　　　주

술어와 목적어

① **我讀書**　　**王好戰**
　주술목　　주술목

② **農夫耕田**　　**少年植木**
　주 술 목　　주 술 목

기본적으로 술어는 목적어 앞에 온다.

① 나는 책을 읽는다.　　왕이 전쟁을 좋아한다.

② 농부가 밭을 갈다.　　소년이 나무를 심는다.

❖ 목적어 + 술어인 경우

대부분 술어 + 목적어의 어순으로 되어 있지만, 다음 예처럼 목적어가 술어 앞에 놓일 수도 있다.

① 목적어가 의문사일 때

　吾誰欺? 내가 누구를 속이겠는가?
　주목술

② 목적어가 부정문 안에 있는 대명사일 때

　不患人之不己知 남이 나를 알아주지 않는다고 걱정하지 말라.
　　　　　주목술

동사 + 목적어의 문장이 부정될 경우, 목적어가 명사일 때에는 '부정사 + 동사 + 목적어'(예 : 不知人)의 순으로 되나, 목적어가 대명사일 때에는 '부정사＋목적어＋동사'(예 : 不己知)의 순으로 도치된다.

술어와 보어

① 雲爲雨　　高岸爲谷　　我是學生
　주술보　　주 술 보　　주술 보

② 日出於東海
　주술　　보

기본적으로 술어는 보어 앞에 온다.
① 구름이 비가 되다.　　높은 언덕이 계곡이 되다.　　나는 학생이다.
② 해가 동쪽 바다에서 나오다.

❖ 보어＋술어의 경우

의미 변화 없이 보어가 술어 앞에 놓이는 수도 있다.

風自南來　바람이 남쪽으로부터 불어온다.
주 보 술

風來自南　바람이 남쪽으로부터 불어온다.
주 술 보

목적어와 보어

① 世人謂我道人　　　　　② 我云此知己
　주 술목 보　　　　　　　주술목 보

③ 孔子問禮於老子　　　　④ 先生敎漢文於我
　주 술목 보　　　　　　　주 술 목 보

기본적으로 목적어는 보어 앞에 온다.

① 세상 사람들이 나를 도인이라고 이른다.

② 나는 이것을 지기知己라 부른다.

③ 공자께서 노자에게 예를 물으셨다.

④ 선생님이 한문을 나에게 가르치신다.

❷ 어순과 품사

어순에 따른 품사의 변화

> 之　① 先生將何之? [동사]
>
> 　　② 十人守之 [대명사]
>
> 　　③ 孝者德之本也 [개사]

한문에서는 어순語順이나 문장의 전후관계에 따라 품사品詞가 변하며, 뜻도 달라질 수 있다. '之'의 예를 들어 살펴본다.

① 선생께서는 장차 어디로 가십니까? ('가다'의 뜻을 갖는 동사)

② 열 사람이 그것을 지킨다. ('그것'의 뜻을 갖는 대명사)

③ 효는 덕의 근본이다. ('~의'의 뜻을 갖는 개사)

그 밖의 예

구분	품사	용례
才	명사	俊才 뛰어난 인재
	형용사	才人 재주 있는 사람
帶	명사	玉帶 옥으로 만든 띠
	동사	帶劍 칼을 차다.

常	명사	五常 (사람이 지켜야 할) 다섯 가지 <u>도리</u>
	부사	常備 <u>늘</u> 준비해둠
惡	동사	憎惡 몹시 <u>미워하다</u>.
	형용사	惡心 <u>악한</u> 마음
益	동사	弘益 널리 <u>이롭게 하다</u>.
	부사	益甚 <u>더욱</u> 심해짐
大	형용사	甚大 매우 <u>크다</u>.
	부사	大破 <u>크게</u> 부수다.

❸ 어순과 문장성분

어순 변화에 따른 문장성분의 변화

① 心定　　定心
　　주술　　술목

② 言寡　　寡言
　　주술　　술목

한문에서는 어순이나 전후관계에 따라 문장성분도 바뀔 수 있다.

① 마음이 정해지다. [주술]　　마음을 정하다. [술목]

② 말이 적다. [주술]　　말을 적게 하다. (주어 생략) [술목]

복합문의 어순 변화에 따른 의미 변화

① A見出B家　　(누군가가) B의 집을 나서는 것을 A가 본다. [주어가 A, 목적어는 생략됨]

② 見A出B家　　A가 B의 집을 나서는 것을 (누군가가) 본다. [주어가 생략되고, 목적어는 A]

❹ 우리말의 어순과 한문의 어순

한문은 목적어와 보어의 위치가 우리말과 다르다.

① 나는 책을 읽는다.   我讀書
   주   목   술   주술목

② 구름이 비가 된다.   雲爲雨
   주   보   술   주술보

한문의 어순은 우리말과는 다르고, 영어와 유사한 점이 많으므로 이를 통해서 도움을 받을 수 있을 것이다. 또, 문장에 토吐를 달아서 읽는 학습이 필요하다. 이것은 우리말과 다른 구조를 갖는 한문을 우리말의 구조로 이해하기 위한 방법이 될 수 있다.

격양집 擊壤集

一. 安分身無辱이요, 知機心自閑이라.

字義	語法	새기는 순서
辱 욕될 욕 機 기틀 기 閑 한가할 한	安分 분수를 편안히 여기다. 　　여기서 '安'은 동사 自 저절로. 부사	安分身無辱이요, 　2　1　3　5　4 知機心自閑이라. 　7　6　8　9　10

양명전서 陽明全書

二. 破山中之賊은 易나 破心中之賊은 難이니라.

字義	語法	새기는 순서
破 깨뜨릴 파 賊 도둑 적 易 쉬울 이 難 어려울 난	之 개사介詞[후치사]로 쓰일 때 　　에는 '~의' 易 형용사로 쓰일 경우에는 　　'쉬울 이', 동사로 쓰일 경우 　　에는 '바꿀 역'	破山中之賊은 易나 　4　　1　2　3　　5 破心中之賊은 難이니라. 　9　　6　7　8　　10

통속편 通俗篇

三. 剛刀雖利나 不斬無罪之人이라.

字義	語法	새기는 순서
剛 굳셀 강 雖 비록 수 利 날카로울 리, 이로울 리 斬 벨 참	雖 '비록 ~지만' 利 날카롭다. *利劍 : 잘 드는 　　긴 칼	剛刀雖利나 　1　2　3 不斬無罪之人이라. 　6　5　　4

四. 忠臣은 不事二君이요, 烈女는 不更二夫니라.

字義	**語法**	**새기는 순서**
事 섬길 사, 일 사	事 섬기다. *事親 : 어버이를 섬김	忠臣은 不事二君이요,
烈 절개굳을 렬, 매울 렬	更 고치다. *甲午更張 : 갑오경장	⎯1⎯ ⎯4 3⎯ ⎯2⎯
更 고칠 경, 다시 갱		烈女는 不更二夫니라.
夫 지아비 부		⎯5⎯ ⎯8 7⎯ ⎯6⎯

순오지 旬五志

五. 騎馬면 欲率奴라.

字義	**語法**	**새기는 순서**
騎 말탈 기	欲 '~하고자 하다'	騎馬면 欲率奴라.
欲 하고자할 욕, 욕심 욕	率奴 종을 거느리다.	⎯2 1⎯ ⎯5 4 3⎯
率 거느릴 솔, 비율 률		

후한서 後漢書

六. 君子之交는 淡若水하고, 貧賤之交는 不可忘이라.

字義	**語法**	**새기는 순서**
淡 맑을 담	淡若水 淡而若水(맑아서 물과 같다.)	君子之交는 淡若水하고,
若 같을 약		⎯1⎯ ⎯2 3⎯ ⎯4 6 5⎯
賤 천할 천	不可 ~할 수 없다.	貧賤之交는 不可忘이라.
忘 잊을 망		⎯7⎯ ⎯8 9⎯ ⎯12 10 11⎯

일 고, 옛 고, 본디 고, 짐짓 고, 고로 고

① 故 '일', '사건'(事故)

② 故 '옛날'

: 溫故而知新 옛 것을 익혀 새 것을 안다.

③ 故 '본디'

: 故賤人也 본래 천인이었다.

④ 故 '짐짓', '일부러'(故意)

: 故不爲禮 일부러 예를 행하지 아니하다.

⑤ 故 '고로', '그러므로'

: 故愚民有所欲言 而終不得伸其情者 多矣 그러므로 어리석은 백성이 말하고 자 하는 것이 있어도, 마침내 그 뜻을 펼 수 없는 사람이 많았다.

⑥ 是故 '이런 까닭으로'

: 是故誠者天之道也 이런 까닭으로 성誠이란 하늘의 도리이다.

 가르칠 교, 하여금 교

① 敎 '가르치다'

: 至要莫如敎子 지극히 중요함은 자식을 가르치는 것만 한 것이 없다.

② 敎 '~에게~하게 하다'. 사역使役을 만드는 조동사

: 不敎胡馬度陰山 오랑캐의 말(胡馬)이 음산陰山을 넘지 못하게 했다.

구차할 구, 진실로 구, 만약 구

① 苟 '구차하다'

: 苟且偸安(구차투안) 구차하게 눈앞의 안일함만을 취함

: 臨財毋苟得(임재무구득) 재물에 임하여서는 구차하게 얻지 말라.

② 苟 '진실로', '진실로 ~라면'. 가정假定을 만드는 부사

: 苟志於仁矣 無惡也 진실로 인仁에 뜻을 둔다면 나쁨이 없다.

: 苟爲後義而先利 不奪不厭 진실로 올바름을 뒤로 하고 이익을 앞세운다면 남
의 것을 빼앗지 않고는 물리지 않을 것이다.

多多益善다다익선

많으면 많을수록 더욱 좋다는 뜻으로,『사기史記』에 보면 "한漢나라 고조高祖가 일찍이
한신韓信과 더불어 여러 장수의 능력을 말하는데 각각 차이가 있었다. 임금이 묻기를
'나 같은 사람은 군사를 얼마나 거느릴 수 있을까?' 하니, 한신이 말하기를 '폐하께서
는 10만 명 이상을 거느릴 수 없습니다' 라고 하였다. 임금이 말하기를 '그대는 어떠
한가?' 하니, 한신이 말하기를 '저는 많으면 많을수록 좋습니다' " 라고 했다.

1. 다음 문장을 해석하고 주어를 찾으시오.

 ① 文益漸始種木花

 ② 山與雲俱白

 ③ 君子之言寡而實

 ④ 勤爲無價之寶

2. 다음 문장에서 술어를 찾으시오.

 ① 破山中之賊易　　　② 人爲萬物之靈長

 ③ 貧賤之交不可忘　　④ 附耳之言勿聽焉

3. 다음 문장 가운데 우리말의 어순과 같은 것은?

 ① 雲爲雨　　② 農夫耕田　　③ 孝者德之本也　　④ 士爲知己者死

4. 다음 문장에서 밑줄 친 부분의 문장성분을 말하시오.

 ① 日出<u>於東海</u>　　　② 風來<u>自南</u>

 ③ 十人守<u>之</u>　　　　④ 孔子問<u>禮</u>於老子

5. 밑줄 친 한자의 품사를 말하시오.

 ① 先生은 許<u>之</u>乎이까?　　② 臣<u>重</u>君以忠

 　先生將何<u>之</u>?　　　　　　<u>重</u>有始終

6. '이심전심'의 한자는?

 ① 以心轉心　② 二心轉心　③ 二心傳心　④ 以心傳心

7. 다음 □안에 알맞은 글자를 보기에서 찾아 써넣으시오.

　　보기 : ㉠性　㉡聲　㉢成　㉣切　㉤折　㉥析

　　① 虛張□勢　　　　　　　② 百□不屈

8. 밑줄 친 한자의 독음을 바르게 적은 것끼리 묶은 것은?

　毀損　干戈　和暢　旋律

　　① 훼－과－창－선　　② 회－과－창－선　　③ 훼－조－양－시

9. 다음 문장에서 밑줄 친 한자는 뜻이 서로 다르다. 뜻을 설명하시오.
　　① 是故誠者天之道也　　　　② 臨財毋苟得
　　　溫故而知新　　　　　　　　苟志於仁矣, 無惡也

10. 다음 문장을 읽고 물음에 답하시오.

　　忠臣은 不□㉠二君이요, 烈女는 不更㉡二夫니라.
　　騎馬면 欲率㉢奴라.
　　君子之交는 淡若㉣水하고, 貧賤之交는 不可忘이라.

1) ㉠에 알맞은 글자를 써넣으시오.
2) ㉡, ㉢의 음音·훈訓을 쓰시오.
3) ㉣의 若과 같은 뜻으로 쓰인 것은?
　　① 若不修德, 則一世而亡　　② 學若無成 不復還
　　③ 若은 行之無忽하라　　　　④ 子之廢學 若吾斷其織也

4. 성분의 생략省略과 도치倒置

❶ 성분의 생략

주어의 생략

① 何以附耳相語?

② 將何面目以見國人乎?

③ 子曰 吾十有五而志于學하고, 三十而立하고, 四十而不惑하고, 五十而知天命하고, 六十而耳順하고, 七十而從心所欲하여 不踰矩호라.

④ 知彼知己면 百戰不殆니라.

● **대화·문답에서의 주어 생략**

① 어찌하여 귀에 대고 말하십니까?

② 장차 무슨 면목으로 국민들을 보겠습니까?

● 앞에서 이미 언급된 경우의 주어 생략

③ 공자께서 말씀하시기를 "나는 열다섯 살에 학문에 뜻을 두었고, 서른 살에는 (학문의 기틀이) 확립되었고, 마흔 살에는 헷갈리지 아니하였고, 쉰 살에는 하늘의 명령을 알았고, 예순 살에는 남의 말을 들으면 그 뜻을 이해하게 되었고, 일흔 살이 되어서는 마음에 하고자 하는 바를 그대로 따라도 법도에 벗어나지 않았다"라고 하셨다.

● 보편적이고 일반적인 서술에서의 주어 생략

④ 상대편을 알고 자기 자신을 알면 백 번 싸워도 위태롭지 않다.

술어의 생략

> ① 擇其善者而從之, (擇)其不善者而改之.
> ② 死馬且買之, 況(不買)生者乎.

● 같은 일이나 동작이 중복되는 경우

① 좋은 것은 가려서 따르고, 좋지 못한 것은 (가려서) 고친다.

● 억양 抑揚의 구법 句法

② 죽은 말도 또한 사거늘, 하물며 산 것을 (사지 않겠느냐).

보어·목적어의 생략

> ① 子游問孝(於孔子).
> ② 國家加惡法於民, 民不服(於此).
> ③ 汝學文乎, 我不知(文)也.
> ④ 人不知(己), 而不慍.

보어·목적어의 생략은 이미 언급된 것이나 또는 보편적이고 일반적인 서술에서 찾아볼 수 있다.

● 보어 생략

① 자유가 (공자에게) 효도를 물었다.

② 나라(에서) 백성에게 악법을 내리면, 백성은 (이에) 따르지 아니한다.

● 목적어 생략

③ 너는 글을 배웠느냐, 나는 (글을) 모른다.

④ 남이 (나를) 알아주지 않아도 성내지 아니한다.

❷ 성분의 도치

주어와 술어의 도치

① 甚矣, 吾衰也.
② 巧言令色이 鮮矣仁이니라.
③ 美哉라 山河여.
④ 善矣, 汝之行.

● 주어와 술어의 도치 [술어+주어]

① 심하도다, 나의 쇠약해짐이여! = 吾衰也甚矣

② 꾸며대는 말과 잘 꾸민 얼굴빛은 드물도다, 仁이. = 巧言令色 仁鮮矣

③ 아름답도다, 산과 물이여! = 山河 美哉

④ 착하구나, 그대의 행실은. = 汝之行 善矣

※ 도치문은 일반적으로 뜻을 강조하거나 감탄을 나타낼 때 쓴다. 예를 들어서 '鮮矣 仁'(仁鮮矣 : 仁이 드물다.)에서는 '드물다'[鮮矣]의 뜻에 강조를 두고 있는 것이며, '甚矣 吾 衰也'(=吾衰也 甚矣)에서는 '심하구나'[甚矣]의 뜻에 강조를 두고 있다.

술어·목적어·보어의 도치

① 喜怒哀樂之未發을 謂之中이라.
　　　　　　목　　　　　　술 보

② 何謂刑德?
　목 술 보

③ 其心은 與人同也라.
　주　　　　보　　술

④ 危邦不入
　보　　술

⑤ 此汝知乎?
　목주 술

⑥ 於東海日出
　보　주술

● **술어와 목적어의 도치** [목적어 + 술어]

① 희노애락이 생겨나지 않은 때를 중ᅡ이라 한다. [목적어가 대명사인 경우]

② 무엇을 형과 덕이라고 하는가? [목적어가 의문사인 경우]

● **술어와 보어의 도치** [보어 + 술어]

③ 그 마음은 다른 사람과 같다.

④ 위태로운 나라에는 들어가지 않는다.

● **그 밖의 특수한 형태**

⑤ 이것을 네가 아느냐? [주어와 목적어의 도치]

⑥ 동해에서 해가 떠오른다. [주어와 보어의 도치]

대학大學

一. 苟日新이어든 日日新하며 又日新이니라.

字義

苟 진실로 구, 다만 구, 구차할 구

又 또 우

語法

日新 날마다 새롭게 하다. 日은 부사, 新은 동사로 쓰이고 있다.

日日 날로, 날마다

새기는 순서

苟日新이어든 日日新하며
　1　2　3　　　　4　5

又日新이니라.
6　7　8

명심보감明心寶鑑

二. 道吾善者는 是吾賊이요, 道吾惡者는 是吾師니라.

字義

道 말할 도, 길 도

吾 나 오

是 이 시, 옳을 시

師 스승 사

語法

道吾善者 나의 善을 말해주는 사람(나를 칭찬하는 사람)

是 '바로', '곧'. 앞의 말을 받아주는 구실을 한다. 영어의 be동사와 비슷한 역할을 한다고 보기도 한다.

새기는 순서

道吾善者는 是吾賊이요,
3　1　2　4　　5　6

道吾惡者는 是吾師니라.
9　7　8　10　　11　12

논어論語

三. 父母在어시든 不遠遊하며 遊必有方이니라.

字義

在 있을 재

遠 멀 원

遊 놀 유

方 방위 방, 모 방

語法

遠 멀리. 부사로 쓰이고 있다.

必有方 반드시 방향이 있어야 한다. 즉 어디로 가는지를 알리고 가야 한다는 뜻이다.

새기는 순서

父母在어시든 不遠遊하며
　1　2　　　　　5　3　4

遊必有方이니라.
6　7　9　8

四. 身體髮膚는 受之父母라 不敢毁傷이 孝之始也니라.

字義

髮 머리털 발
膚 살갗 부
敢 감히 감, 용감스러울 감
毁 헐 훼

語法

受之 受는 '받는다'. 之는 대
명사로서 앞에 나온 身體髮
膚를 받는다.
敢 감히 ~하다.

새기는 순서

身體髮膚는 受之父母라
  1 2   5 3 4

不敢毁傷이 孝之始也니라.
8 6 7   9 10 11

육선공陸宣公 주의奏議

五. 必先事而防危하고 不臨危而求幸이니라.

字義

防 막을 방
危 위태로울 위
臨 임할 림

語法

而 접속사. 앞뒤의 문장을 이
어주는 구실
臨危 위태로움에 다다르다.

새기는 순서

必先事而防危하고
 1 3 2 4 6 5

不臨危而求幸이니라.
12 8 7 9 11 10

예기禮記

六. 玉不琢이면 不成器하고, 人不學이면 不知道니라.

字義

琢 쪼을 탁
器 그릇 기

語法

不 ㄷ, ㅈ음 앞에서는 '부'로
발음된다. *不知(부지), 不動
(부동)
道 사람의 도리

새기는 순서

玉不琢이면 不成器하고,
 1 3 2   6 5 4

人不學이면 不知道니라.
 7 9 8   12 11 10

그 기, 어조사 기

① 其 '그', '그의', '그것의'

: 不知其人, 視其友 그 사람을 알지 못하거든 그의 친구를 보라.

② 其 '아마', '대개'

: 其我之謂矣 아마 곧 나를 말하는 것이겠지.

③ 其 별다른 뜻이 없이 어감語感을 돕는 구실

: 北風其冷兮 북풍 그 차가움이여.

④ 其如~何 '~을 어찌하리오'

: 其如人民何 백성들을 어찌할 것인가?

 빌미(조짐) 기, 거의 기, 얼마 기

① 幾 '조짐'

: 幾微(기미)

② 幾 '거의'

: 幾至死境 거의 죽게 됨

③ 幾 '얼마'. 수數의 많고 적음 등을 나타낸다.

: 幾年(기년) 몇 해

④ 幾何 '얼마쯤'

: 爲歡幾何 기쁨을 삼음이 얼마인고?

⑤ 庶幾 '거의', '거의 되려 함'

: 回也, 其庶幾乎 회回는 거의 되려 한다.(거의 도道에 통달하였다.)

이미 기

旣 '이미'. 시간을 나타내는 부사로서 과거를 표시한다.

: 旣學而歸 이미 학문을 닦고 돌아왔다.

: 旣得權(기득권) 정당한 수단에 의해 이미 얻은 권리

: 旣往不咎(기왕불구) 이미 지나간 일은 탓하지 아니함

> **斷機之戒** 단기지계
>
> 학업을 중도에 그만두어서는 안 됨을 경계할 때 쓰는 말. 맹모단기孟母斷機와 같은 뜻이
> 다. 『유향열녀전劉向烈女傳』에 나오는 일화로 맹자孟子가 어렸을 때, 멀리 공부하러 갔다
> 가 공부를 마쳤다면서 돌아왔다. 어머니는 마침 베를 짜고 있었는데, 맹자의 말을 듣
> 고 짜던 베를 끊어버렸다. 맹자가 두려워하면서 까닭을 물으니, 어머니는 "네가 학문
> 을 중도에서 그만두는 것은 내가 짜던 베를 끊어버린 것과 똑같다"라고 말했다. 맹자
> 는 이 말을 듣고 다시 돌아가 열심히 공부하였다고 한다.

1. 다음 문장 가운데 주어가 생략된 것은?

    ① 孔子聖人也   ② 烏飛梨落   ③ 臨戰無退   ④ 賢哉 回也

2. 다음에서 문장성분이 도치된 것은?

    ① 乞人爲王   ② 善矣, 汝之行   ③ 百聞不如一見   ④ 孔子問禮於老子

3. 다음과 관계되는 것을 보기에서 찾으시오.

    보기 : 1) 何 謂刑德?   2) 其心은 與人 同也.   3) 美哉라 山河여.

    ① 술어＋주어의 도치
    ② 술어＋목적어의 도치
    ③ 보어＋술어의 도치

4. 다음 빈칸에 알맞은 한자를 보기에서 찾아 쓰시오.

    보기 : ㉠ 矣 ㉡ 何 ㉢ 況 ㉣ 而

    ① 將□面目 以見國人乎
    ② 擇其善者□從之
    ③ 死馬且買之 □生者乎
    ④ 巧言令色이 鮮□仁이니라

5. 다음 문장 가운데 목적어가 생략된 것은?

　　① 李下에 不整冠이니라　　　　　② 人不知而不慍이면 不亦君子乎아

　　③ 不患人之不己知요 患不知人也니라　　④ 烈女는 不更二夫니라

6. 숙어 '支離□□'에서 빈칸에 알맞은 한자는?

　　① 減列　　　② 滅裂　　　③ 滅烈　　　④ 滅列

7. 다음 단어를 한자로 쓰시오.

　　① 경멸　　　② 지혜　　　③ 재량　　　④ 필두　　　⑤ 배경　　　⑥ 굴복감

8. 다음 한자 단어를 옳게 쓴 것은?

　　① 戲弄, 抗拒　　　② 劇弄, 抗拒　　　③ 劇弄, 杭拒　　　④ 戲弄, 杭拒

9. 다음 빈칸에 알맞은 말을 쓰시오.

　　① 刻□求劍　　　② 結□報恩　　　③ 鷄□狗盜　　　④ 曲學阿□

10. 다음 문장을 읽고 물음에 답하시오.

　　가. 苟ⓐ日新ⓑ이어든 日日新하며 又日新이니라.

　　나. 道ⓒ吾善者는 是吾賊이요, 道吾惡者는 是吾師니라.

　　다. 玉不琢이면 不成器하고, 人不學이면 不知道ⓓ니라.

1) ㉠, ㉡의 뜻을 해석하시오.

2) ㉢, ㉣의 뜻과 품사를 각각 말하시오.

5. 한문 해석解釋과 현토懸吐

① 한문 해석 순서

해석 순서

자의字義 → 품사品詞 → 문장성분文章成分 → 구두법句讀法 → 현토懸吐 → 해석解釋

한문을 올바르게 해석하기 위해서는 먼저 한자의 뜻과 품사를 알아야 하고, 문장성분을 정확히 파악해야 하며, 구두법, 현토 등을 적절하게 적용해야 한다. 다음 문장을 통해 해석 순서를 알아보자.

君子之言寡而實小人之言多而虛

① 자의를 알아본다. 한자어의 의미에도 유의해야 한다.

君: 임금 군, 子: 아들 자, 之: 어조사 지, 言: 말씀 언, 寡: 적을 과, 而: 말이을 이,

實: 열매 실·참 실, 小: 작을 소, 人: 사람 인, 多: 많을 다, 虛: 빌 허

② **품사를 알아본다.**

　君子, 言, 小人 : 명사

　之 : 개사介詞(여기서는 후치사後置詞로서 '~의'로 쓰인다.)

　寡, 實, 多, 虛 : 형용사

　而 : 접속사

③ **문장성분을 파악한다.**

　君子之言 : 주어,　寡而實 : 술어

　小人之言 : 주어,　多而虛 : 술어

④ **구두법을 적용해서 문장을 의미 단위로 나눈다.**

　君子之言, 寡而實, 小人之言, 多而虛

⑤ **현토**(토 달기)**를 통해 의미 단위 간의 관계를 파악한다.**

　君子之言은 寡而實하고, 小人之言은 多而虛니라.

⑥ **해석 : 우리말의 의미를 적용하고 우리말 어순으로 풀어낸다.**

　군자의 말은 적으나 참되고, 소인의 말은 많으나 헛되다.

❷ 두 번 새기는 글자

　吾事未了　내 일은 아직 끝나지 않았다.

한문을 우리말로 해석할 때, 어떤 글자는 두 번 새겨야 그 뜻이 잘 통한다. 아래도 그러

한 경우이다.

한자	해석법	용례
未	아직 ~않았다.	吾事未了 내 일은 아직 끝나지 않았다.
將	장차 ~하려고 한다.	鳥將死 새가 장차 죽으려 한다.
且	장차 ~하려고 한다.	船且至於岸 배가 장차 해안에 닿으려 한다.
當	마땅히 ~하여야 한다.	爲子當孝 아들이 되어서는 마땅히 효도해야 한다.
宜	마땅히 ~하여야 한다.	君子宜善善 군자는 마땅히 선한 것은 선하다고 하여야 한다.
須	모름지기 ~하여야 한다.	先須大其志 먼저 모름지기 그 뜻을 크게 하여야 한다.
猶	마치 ~와 같다.	過猶不及 지나친 것은 마치 못 미친 것과 같다.

❸ 현토

일반적인 서술에서의 현토

~라, ~이라, ~니라, ~로다, ~호라, ~러라, ~이니라, ~하니라, ~하노라

① 余言이 似不誤也라 : 내 말이 틀리지 않은 것 같다.

② 雲山不辨容이라 : 구름인지 산인지 분별하지 못하겠다.

③ 英雄造時로다 : 영웅이 때를 만든다.

④ 己所不欲을 勿施於人이니라 : 내가 하고자 아니하는 것을 남에게 베풀지 말라.

⑤ 邦官에 多辭不就하니라 : 벼슬을 내릴 때마다 거듭 사양하고 나아가지 않았다.

의문문疑問文과 반어문反語文의 현토

~아, ~오, ~리오, ~이까, ~이꼬, ~리이꼬, ~이리이꼬

① 讀書에 其擇地乎아? : 독서 하는 데 어찌 장소를 가리겠는가?

② 牛는 何之오? : 소는 어디로 가느냐?

③ 寄信에 亦何必多費細辭리오? : 편지를 보내는 데 또한 어찌 반드시 자세한 말을 많이 할 필요가 있겠느냐?

④ 先生은 許之乎이까? : 선생께서는 그것을 허락하시겠습니까?

⑤ 何由로 知吾의 可也이꼬? : 무엇으로 말미암아 나의 가능성을 아십니까?

⑥ 豈能獨樂哉리이꼬? : 어찌 혼자서만 즐길 수 있겠습니까?

⑦ 夫誰與王敵이리이꼬? : 대저 누가 왕에게 대적하겠습니까?

감탄문感歎文의 현토

~여, ~라, ~로다, ~샷다

① 萬歲萬歲兮여 : 만세, 만세.

② 嗚呼, 痛哉라 : 아아, 원통하도다!

③ 公無渡河러니 公竟渡河로다 : 님아, 냇물을 건너지 마오. 기어이 냇물 건너시네.

④ 噫라, 天喪予샷다 : 아아, 하늘이 나를 버리셨도다!

연결문連結文의 현토

~면, ~하고, ~하니, ~이요, ~이면, ~이니, ~이나, ~어늘, ~이라도, ~이로되, ~이어늘, ~이언정

① 知彼知己면 百戰不殆니라 : 상대편을 알고 자기 자신을 알면 백 번 싸워도 위태롭지 않다.

② 君子는 以文會友하고 以友輔仁이니라 : 군자는 글로써 벗을 모으고 벗으로 인덕仁德

을 닦는다.

③ 聞則病이요 不聞樂이라 : 들으면 병, 안 들으면 약.

④ 突不燃이면 不生煙이라 : 구들에 불을 때지 않으면 연기가 나지 않는다.(아니 땐 굴뚝에
연기 나랴.)

⑤ 人之性은 惡이니, 其善者는 僞也니라 : 사람 성품은 악惡하니, 그 선한 것은 거짓이다.

⑥ 雖畜物이라도 其心은 與人同也라 : 비록 기르는 짐승이라도 그 마음은 사람과 같다.

⑦ 春秋가 欲請高句麗兵하여 以報百濟之怨이어늘, 王이 許之하다 : (신라의) 김춘추金春秋
가 고구려의 구원병을 청請하여 백제의 원수를 갚고자 하니, 왕이 (이를) 허락하였다.

구결법口訣法과 현토

구결口訣은 한자의 한 부분을 따서 만든 약자略字로서, 한문의 토吐를 표기하는 방법이다.

❖ 구결법의 예

구결	음	만든 방법
ß	은	隱(숨을 은)자에서 ß를 따옴
乙	을	乙(새 을)자의 음를 그대로 쓴 것
ßɶ	는	飛(날 비)자의 乚음과 ß(은)을 합해 만든 것
ㅅ	이	是(이 시)자에서 ㅅ을 따옴
ㄏ	에	厓(언덕 애)자에서 ㄏ를 따옴
''ㅁ	하고	爲(하 위)자에서 ''를 따고, 古(옛 고)자에서 ㅁ를 따옴
''ㄴ	하니	''(하) + 尼(여승 니)의 ㄴ
''ㅅ	하라	''(하) + 羅(벌일 라)에서 ㅅ
''ㄴㅅ	하니라	''(하) + ㄴ(니) + ㅅ (라)
''ㄱ	하면	''(하) + 面(얼굴 면)에서 ㄱ
''ㄱ	하야	''(하) + 也(어조사 야)에서 ㄱ
''夕	하다	''(하) + 多(많을 다)에서 夕

해석 연습

증자曾子

一. 君子는 以文會友하고 以友輔仁이니라.

字義

會 모을 회
輔 도울 보

語法

以文會友 글로써 벗을 모으
다. 以는 '~으로써'의 뜻

새기는 순서

君子는 以文會友하고
 1   3 2 5 4

以友輔仁이니라.
 7 6 9 8

한시외전韓詩外傳

二. 樹欲靜而風不止하고, 子欲養而親不待니라.

字義

樹 나무 수
靜 고요할 정
養 봉양할 양, 기를 양
親 어버이 친, 친할 친

語法

樹欲靜 나무가 고요하고자
   하나
而 역접접속사, '~지만'

새기는 순서

樹欲靜而風不止하고,
1 3 2 4 5 7 6

子欲養而親不待니라.
8 10 9 11 12 14 13

순자荀子

三. 小人之學也는 入乎耳하고 出乎口니라.

字義

也 어조사 야
乎 어조사 호

語法

也 일반적으로 문장 끝에 붙여
 서 단정·감탄·의문 등을 나
 타내는데, 여기서는 어조語調
 를 돕기 위한 구실
乎 개사

새기는 순서

小人之學也는 入乎耳
1 2 3   6 5 4

하고 出乎口니라.
    9 8 7

명심보감 明心寶鑑

四. 賜子千金이 不如敎子一藝니라.

字義	語法	새기는 순서
賜 줄 사	賜子千金 아들에게 천금을 주다.	賜子千金이 3 1 2
敎 가르칠 교	不如 ~하는 것만 같지 못하다. ~보다 못하다.	不如敎子一藝니라. 7 6 4 5
藝 재주 예		

안씨가훈 顏氏家訓

五. 以勢交者는 勢傾則絶하고 以利交者는 利窮則散이니라.

字義	語法	새기는 순서
勢 세력 세	以勢交者 권세로써 사귄 자들	以勢交者는 2 1 3 4
傾 기울 경	則 가정접속사. '~하면', '곧'의 뜻	勢傾則絶하고 以利交 5 6 7 8　10 9 11
絶 끊을 절		者는 利窮則散이니라. 12　13 14 15 16
窮 다할 궁, 궁할 궁		

위서 魏書

六. 尙儉者는 開福之源이요, 好奢者는 起貧之兆니라.

字義	語法	새기는 순서
尙 숭상할 상, 오히려 상	者 ~이라는 것 *者에는 두 가지 쓰임이 있다. '~한 사람', '~라는 것'	尙儉者는 開福之源이요, 2 1 3　5 4 6 7
源 근원 원		好奢者는 起貧之兆니라. 9 8 10　12 11 13 14
奢 사치 사		
兆 조짐 조, 억조 조		

어찌 기

① 豈 '어찌'

: 豈有此理 어찌 그럴 리가 있으랴.

② 豈不 '어찌~아니하리'

: 豈不殉死哉 어찌 순사하지 아니하리오?

③ 豈~哉 '어찌~하랴'

: 豈可他求哉 어찌 가히 다른 데서 구하리오.

④ 豈~乎 '어찌~하랴' (豈~哉와 같다)

: 豈望報乎 어찌 보답을 바라겠느냐.

 어찌 내

奈何 '어찌~할까'. 반어反語와 의문疑問의 뜻

: 奈何言之 어찌 그것을 말하랴.

: 奈若何? 너를 어찌 할까?

 편안할 녕, 문안할 녕, 어찌 녕, 차라리 녕

① 寧 '편안하다'

: 寧日(영일) 편안한 날

② 寧 '문안하다'

: 歸寧父母 돌아가 부모님께 문안드리다.

③ 寧 '어찌'. 반어의 뜻

: 寧無不平之心乎 어찌 불평스러운 마음이 없겠습니까.

: 王侯將相 寧有種乎 왕후장상이 어찌 씨가 있으리오.

④ 寧 '차라리', 비교比較·선택選擇의 뜻

: 寧爲鷄口, 勿爲牛後 차라리 닭의 머리가 될지언정 소의 꼬리는 되지 말아라.

孟母斷機 맹모단기

중국의 성인 맹자가 공부를 열심히 하였는데, 하루는 글방에서 돌아와 어머니께 공부가 이만하면 되었다면서 공부를 그만두겠다고 말하였다. 맹자의 어머니는 짜던 베를 칼로 그어 끊고는, "베를 다 짜기 전에 끊어지면 이제까지 짜던 베가 헛일이 된다"라고 말하였다. 맹자는 다시 글방으로 가서 끝까지 공부를 마쳐 성인이 되었다. 중간에 일을 그만두면 쓸모가 없음을 뜻하는 말이다.

연습 문제

1. 다음 빈칸에 알맞은 토를 보기에서 찾으시오.

   보기 : ㉠ 이꼬 ㉡ 아 ㉢ 로 ㉣ 이요 ㉤ 어시든 ㉥ 나라 ㉦ 하며

   ① 尙儉者는 開福之源(   ) 好奢者는 起貧之兆(   ).
   ② 父母在(   ) 不遠遊(   ) 遊必有方이니라.
   ③ 讀書에 其擇地乎(   ).
   ④ 何由(   ) 知吾의 可也(   ).

2. 다음 문장을 해석하시오.
   ① 英雄造時로다.
   ② 己所不欲을 勿施於人이니라.
   ③ 豈能獨樂哉리이꼬.
   ④ 人之性은 惡이니 其善者는 僞也니라.

3. 다음의 구결법은 어떤 토吐를 나타내는가? 우리말로 고쳐 쓰시오.
   ① 乙   ② ﹅ ヒ   ③ ﹅ 丁
   ④ ﹅ 夕   ⑤ 厂   ⑥ 人

4. 다음 문장에서 빈칸에 적당한 한자를 보기에서 찾으시오.

   보기 : ㉠ 且 ㉡ 當 ㉢ 猶 ㉣ 未 ㉤ 雖 ㉥ 不

   ① 吾事□了   ② 爲子□孝   ③ 過□不及   ④ □畜物 其心 與人同也

5. 다음 문장을 읽고 물음에 답하시오.

君子之言㉠寡而實ソ ㉡ 小人之言은 □而□ㅂㅅ.㉢

1) ㉠, ㉡, ㉢을 우리말로 된 토로 고치시오.

2) 빈칸에 적당한 한자를 써넣으시오.

6. 다음 단어를 한자로 고쳐 쓰시오.
   ① 극복   ② 추구   ③ 규범   ④ 고정

7. 다음 문장과 같은 문장 구조를 가진 글을 찾으시오.

耳不聞人之非 → 주어+술어+목적어

① 義人路也   ② 智者樂水   ③ 和氣滿堂   ④ 揚名於後世

8. 다음 숙어 중 비슷한 것끼리 연결되지 않은 것은?
   ① 金蘭之契 ─ 管鮑之交   ② 南柯一夢 ─ 一場春夢
   ③ 不共戴天 ─ 氷炭之間   ④ 塞翁之馬 ─ 桑田碧海

9. 다음 문장에서 밑줄 친 寧은 뜻이 각기 다르다. 어떤 뜻으로 쓰이고 있는지 설명하시오.
   ① 王侯將相 寧有種乎
   ② 寧日
   ③ 寧爲鷄口 勿爲牛後

10. 다음 문장을 읽고 물음에 답하시오.

   樹欲靜而風不止[㉠]

   賜子千金 不如[㉡]敎子一藝

   以利交者 利窮□[㉢]散

1) ㉠, ㉡의 독음과 그 뜻은?

2) ㉢의 빈칸에 적당한 접속사를 써넣으시오.

3장

문법文法(1)

품사品詞

1. 명사 名詞 · 대명사 代名詞

❶ 명사

고유명사 固有名詞

> ① (ㄱ) 南山, 漢江, 李舜臣, 白頭山 등 [유형명사 有形名詞]
>
> (ㄴ) 秋夕, 正月, 丙子胡亂, 三一運動 등 [무형명사 無形名詞]
>
> ② (ㄱ) 孔子는 聖人也라.
>
> (ㄴ) 正月은 一年之初也라.

① 형체가 있는 것[有形]과 형체가 없는 것[無形]으로 나누어진다. 영어와는 달리 단수·복수의 구별이 없으며, 또 문장에서도 보통명사 등 다른 명사와 특별한 구분이 있는 것은 아니다.

② (ㄱ) 공자는 성인이다.   (ㄴ) 정월은 일 년의 처음(시작)이다.

: 孔子[유형], 正月[무형]은 고유명사이다.

보통명사 普通名詞

> ① (ㄱ) 木, 石, 山, 川, 電燈 등 [물질명사物質名詞]
>
> (ㄴ) 忠, 孝, 學問, 理想, 心性 등 [추상명사抽象名詞]
>
> (ㄷ) 人, 民, 少年, 老人 등 [일반명사一般名詞]
>
> ② (ㄱ) 民惟邦本이라.
>
> (ㄴ) 博我以文이라.

① 일과 물건의 이름을 나타내며 일반적으로 두루 쓰인다. 영어에서는 물질명사와 추상 명사를 보통명사와 구분하나, 한문 문장에서는 엄격하게 구분되지 않는 점에 유의해 야 한다. 그러므로 모두 보통명사에 포함시켜 파악해도 무방하다.

② (ㄱ) 백성은 오직 나라의 근본이다.　(ㄴ) 나를 학문으로 넓혀주셨다.

　: 백성, 나라, 근본, 학문을 모두 보통명사로 파악하면 된다. 세분할 필요는 없다.

수사 數詞

> ① (ㄱ) 一, 千, 萬, 兆, 京 등 [수數]
>
> (ㄴ) 兩, 升, 斗, 石, 斤 등 [양量]
>
> (ㄷ) 個, 張, 頭 등 [기타]

① 수數와 양量 그리고 이들과 유사한 것을 나타내는 명사이다.

　수사數詞를 수량사數量詞라고도 하며, 수사를 명사에서 떼어 독립된 품사로 보기도 하 고, 수량대명사數量代名詞라 하여 대명사에 포함시키기도 하고, 대명사 중에서도 수사 數詞와 양사量詞로 분리하기도 한다. 역할이 명확히 구분되지 않으므로 명사 또는 대 명사에 포함시켜도 무방하다.

불완전명사 不完全 名詞

① 者, 所 등
② 謂學不暇者는 雖暇라도 亦不能學矣라.

① 어떤 실상이 있는 내용을 갖지 못하고 형식상으로만 명사 구실을 하는 것을 말한다.
  '~하는 것, ~사람'[者], '~바'[所] 등이다.
② 배울 틈이 나지 않는다고 말하는 사람은 틈이 나더라도 또한 배울 수가 없다.
  : 者가 불완전명사이다.

명사의 전성 轉成

① 新羅軍은 城南山하다. [동사화 動詞化]
② 有席卷天下之意라. [부사화 副詞化]

전성 轉成은 품사가 바뀌어 쓰이는 것이다.
① 신라의 군사는 남산에 성을 쌓다.
  : 城은 명사이지만 '성을 쌓다' 라는 동사로 쓰였다.
② 자리 말듯이 천하를 말아버릴(차지해버릴) 뜻이 있었다.
  : 席은 명사이지만 '자리 말듯이' 라는 부사로 쓰였다.

명사의 활용 活用

① 山高 水深이라. [주어]
② 世宗은 聖君也라. [서술어]
③ 草木之花는 可愛者也라. [수식어]

④ 老人이 兒啼라. [수식어]

⑤ 兄弟 投金이라. [목적어]

⑥ 禍之爲福이라. [보어]

활용活用은 명사가 여러 가지 문장성분으로 쓰이는 것이다.

① 산은 높고 물은 깊다.

　: 山과 水는 주어이다.

② 세종은 성군이다.

　: 명사[聖君]+이다[也]로 聖君은 서술어이다.

③ 풀과 나무의 꽃은 사랑할 만한 것이다.

　: 草와 木은 花를 꾸며주는 관형사로, 수식어이다.

④ 노인이 아이처럼 운다.

　: 兒는 '아이처럼' 이라는 부사로, 수식어이다.

⑤ 형제는 (물에) 금덩이를 던졌다.

　: 金은 목적어이다.

⑥ 화가 복이 된다.

　: 福은 보어이다.

❷ 대명사

인칭대명사人稱代名詞

① 吾, 我, 余, 予 등 [1인칭]

② 汝, 女, 而, 爾, 乃, 若, 子 등 [2인칭]

③ 彼, 渠, 夫, 其 등 [3인칭]

① 영어의 ‘I’에 해당된다.

② 영어의 ‘You’에 해당된다. 존칭으로는 夫子, 先生, 足下 등이 쓰이기도 한다.

③ 영어의 ‘He, She’에 해당된다.

※ 子 등은 1인칭일 때는 ‘나’, 2인칭일 때는 ‘당신’으로 쓰이는 것과 같은 경우도 있으며, 而나 爾처럼 다른 뜻으로 주로 쓰이는 경우도 있다.

지시대명사 指示代名詞

① 是, 之, 此, 斯 등 [근칭 近稱]

② 其, 他, 夫, 彼, 厥 등 [원칭 遠稱]

③ 或, 各, 皆, 者 등 [부정칭 不定稱]

인칭대명사가 사람을 지시하는 것과는 달리, 이것은 물건이나 사건을 지시할 때 쓰는 것이다. 그러므로 실제 문장에서 인칭대명사와 지시대명사를 구분해야 한다. 특히 ③의 경우 부사처럼 쓰이는 경우가 많으니 유의해야 한다.

① 이~, 이것

② 그~, 그것, 저~, 저것

③ 어느 것, 각각, 대개, ~것

의문대명사 疑問代名詞

① 何, 誰, 孰, 安, 惡 등

② (ㄱ) 子는 爲誰오.

　(ㄴ) 以此爲治면 豈不難哉리오.

① 의문의 뜻을 나타내는 대명사로, 의문부사 疑問副詞와 합쳐 의문사 疑問詞로 묶어 말하기도 한다.

② (ㄱ) 그대는 <u>누구</u>인가?

  : 의문문에 쓰이는 경우이다.

  (ㄴ) 이것으로 다스리면 <u>어찌</u> 어렵지 않으랴?

  : 반어문에 쓰이는 경우이다.

대명사의 활용

① <u>汝</u>知其賢이라. [주어]

② 先生愛<u>我</u>라. [목적어]

③ <u>我</u>不盜<u>而</u>璧이나 <u>若</u>笞<u>我</u>라.

① <u>너</u>는 그의 어짊을 안다.

  : 汝는 주어로 쓰이고 있다.

② 선생은 <u>나</u>를 사랑하신다.

  : 我는 목적어로 쓰이고 있다.

③ 나(我)는 너(而)의 구슬을 훔치지 않았는데도 너(若)는 나(我)를 때린다.

  : 네 가지 인칭대명사가 한 문장 안에서 각기 다른 문장성분으로 쓰이고 있다.

의문대명사의 용법

① 非君<u>而何</u>오. [사람]

② <u>何</u>憂<u>何</u>懼리오. [사물]

③ 皆<u>何處</u>居오. [방향·장소]

④ 天은 <u>曷</u>不降威오. [원인·이유]

⑤ 大同江水<u>何時</u>盡고. [시간]

⑥ 漁者는 <u>幾何</u>家오. [수량]

① 그대 말고 <u>누구</u>이겠는가?

　　: 何는 사람을 나타낸다.

② <u>무엇</u>을 근심하고 <u>무엇</u>을 두려워하겠는가?

　　: 何는 사물을 나타낸다.

③ 모두 <u>어느</u> 곳에 사는가?

　　: 何는 장소를 나타낸다.

④ 하늘은 <u>어찌</u> 위엄을 내리지 않는가?

　　: 曷은 원인을 나타낸다. 曷 대신 何를 쓸 수도 있다. [의문부사]

⑤ 대동강 물은 <u>어느</u> 때에 다할까?

　　: 何는 時 뒤에 붙어서 시간의 정도를 나타낸다.

⑥ 고기잡이는 <u>몇</u> 집이나 되는가?

　　: 何는 幾와 함께 수량을 나타낸다.

一. 本名曰 若鏞이요 字曰 美鏞이며 堂號曰 與猶라. 英宗壬午六月十六日에 生於
洌水之上 馬峴之里하다.

二. 子孝雙親樂이요 家和萬事成이라.

語句
雙親 양친, 어버이

三. 益者三友요 損者三友니 友直하며 友諒하며 友多聞이면 益友라.

語句
多聞 들은 것이 많음, 아는 것이 많음

語法
友 벗, 벗한다

연습 문제

1. 다음 문장에서 주어 성분과 술어 성분은?

　　① 孔子는 聖人也

　　② 鷄鳴

2. '子爲誰'와 영어의 'Who are you'의 어순을 비교하고 다른 점을 쓰시오.

3. 다음 밑줄 친 단어의 품사를 쓰시오.

　　①李舜臣은 ②聖雄也

4. 다음에서 지시한 대명사를 둘 이상 쓰시오.

　　① 1인칭 대명사

　　② 2인칭 대명사

　　③ 3인칭 대명사

5. 다음 밑줄 친 부분의 문장 성분을 쓰시오.

　　農夫　耕　田
　　　①　②　③

6. 다음 중 지시대명사가 아닌 것은?

　　①此　②或　③皆　④何

2. 동사 動詞·형용사 形容詞

❶ 동사

한문에서 자동사와 타동사는 문장의 기본이 된다. 따라서 이에 대한 이해는 바로 문장 이해의 기본이 된다. 특히 완전자동사와 불완전자동사, 완전타동사와 불완전타동사의 용법에 유의해야 한다.

자동사 自動詞

① 鷄鳴 [완전자동사]

② 桑田爲碧海 [불완전자동사]

① 닭이 <u>울다</u>.

　: 鳴은 그 자체가 완전한 문장을 이루고 있다. 즉 '주어+술어'이기 때문에 완전자동

　　사完全自動詞가 된다.

② 뽕나무 밭이 푸른 바다가 <u>되다</u>.

: 爲는 동사이지만 碧海라는 보어가 필요하다. 즉 '주어+술어+보어'로 문장이 성립

되기 때문에 불완전자동사不完全自動詞이다.

타동사他動詞

① 農夫<u>耕</u>田 [완전타동사]

② 猫<u>捕</u>鼠 [완전타동사]

③ 舜은 <u>用</u>其中於民하시다. [불완전타동사]

④ <u>用兵之法</u>은 全國<u>爲</u>上이요 破國<u>次</u>之니라. [복합문]

① 농부가 밭을 <u>갈다</u>.

: 耕은 목적어 田을 취해서 주어+서술어+목적어로 된 문장을 이루는 완전타동사完全

他動詞이다.

② 고양이가 쥐를 <u>잡다</u>.

: 위와 같은 형식의 문장으로 捕는 완전타동사이다.

③ 순임금은 백성들에게 그 가운데를 <u>베풀었다</u>(썼다).

: 用은 목적어[中]와 보어[民]가 동시에 필요한 주어+술어+목적어+보어로 된 문장을 이

루는 불완전타동사不完全他動詞이다.

④ 병력을 <u>쓰는</u> 법은 나라를 <u>온전하게</u> <u>점령하는</u> 것이 상책이 <u>되고</u>, 나라를 <u>깨뜨려</u> <u>점령</u>

<u>하는</u> 것은 그것에 <u>다음이다</u>.

: 用은 타동사, 全은 타동사, 爲는 불완전자동사, 破는 타동사, 次는 불완전자동사

이다.

※ 한문에서는 자동사와 타동사는 엄격하게 구분되지만 완전과 불완전은 형식적으로

엄격하게 구분되지 않는다.

동사의 생략

① 금수(가 되기)보다는 차라리 죽는 것이 낫다.

　: 與其~寧~(~보다는 차라리 ~이 낫다)의 관용구를 써서 동사를 생략하였다.

② 금수가 되기보다는 차라리 죽는 것이 낫다.

　: 爲를 넣어 '되기'로 된다. 그러나 일반적으로 爲를 넣지 않은 문장이 많다.

조동사 助動詞

① (ㄱ) 不言 [부정否定]

　(ㄴ) 得言 [가능可能]

　(ㄷ) 可言 [허가許可]

　(ㄹ) 將言 [필연必然]

　(ㅁ) 當言 [당연當然]

② (ㄱ) 少時엔 不知惜陰이라. [부정否定]

　(ㄴ) 將五十里라. [필연必然]

① 조동사는 동사, 부사, 형용사 등의 품사를 도와서 서술을 완전하게 만들어주는 역할을 한다. 그러므로 조동사를 별개의 품사로 분리하기도 한다. ①을 영어와 비교하면 뜻이 분명해질 것이다.

　(ㄱ) 不言 : don't say　　(ㄴ) 得言 : can say　　(ㄷ) 可言 : may say

　(ㄹ) 將言 : will say　　　(ㅁ) 當言 : must say

② (ㄱ) 젊을 때엔 시간 아낄 줄을 알지 못한다.

: 不는 부정을 나타내는 조동사

(ㄴ) 오십 리는 <u>될 것이다</u>.

: 將은 필연의 뜻이 담긴 미래를 나타내는 조동사이다. 조동사의 용법은 문형文形을
  통해 더 자세하게 구분되므로 문형편에서 다시 자세히 알아보자.

❷ 형용사

수식어修飾語의 역할

① 青, 黃, 長, 短, 高, 低, 大, 小 등
② (ㄱ) <u>青</u>山　　<u>黃</u>土　　<u>長</u>川　　<u>短</u>杖
　　(ㄴ) <u>清</u>風<u>明</u>月　　<u>赫赫</u>武功

① 형용사는 사물의 형태, 성질, 지위 등을 나타낸다. 그중에서도 주로 명사 앞에 붙는 수
  식어의 역할이 가장 중심이 된다. '푸른, 누런, 긴, 짧은, 높은, 낮은, 큰, 작은' 등이다.
② (ㄱ) <u>푸른</u> 산　　<u>누런</u> 흙　　<u>긴</u> 냇물　　<u>짧은</u> 지팡이
　: 青, 黃, 長, 短은 명사 앞에 붙어서 명사를 꾸며주고 있다.
　(ㄴ) <u>맑은</u> 바람과 <u>밝은</u> 달　　<u>빛나는</u> 무공
　: 清, 明은 한 글자로, 赫은 겹친 글자로 명사를 꾸며주고 있다.

서술어敍述語의 역할

① 月<u>明</u>星<u>稀</u>
② (ㄱ) 山<u>高</u> 水<u>長</u>
　　(ㄴ) <u>高</u>山 <u>長</u>水

형용사의 위치가 어디인가에 따라, 수식인지 서술인지 역할이 정해진다.

① 달은 <u>밝고</u> 별은 <u>드물다</u>.

: 明과 稀는 月과 星을 서술해주고 있다.

② (ㄱ) 산은 <u>높고</u> 물은 <u>길다</u>.

: 高와 長은 위에서와 같이 山과 水를 서술해준다.

(ㄴ) <u>높은</u> 산과 <u>긴</u> 물

: 高와 長은 山과 水를 수식해준다.

명사名詞로의 전성

> ① 漢江之<u>深</u>은 數十尺也라.
>
> ② <u>靑</u>은 出於藍이라.

형용사는 문장에서 명사로 전성되는 경우가 흔하므로 성분과 품사를 잘 살펴야 한다.

① 한강의 <u>깊이</u>는 수십 척이다.

: 深은 형용사이지만 깊이라는 명사로 쓰였다.

② <u>푸름</u>은 쪽에서 나온다.

: 靑은 형용사이지만 푸름이라는 명사로 쓰였다.

전성轉成된 형용사形容詞

> ① 前道<u>洋洋</u> [명사가 전성됨]
>
> ② 長松<u>落落</u> [동사가 전성됨]

이 경우는 실제로 문장 해석에는 중요하지 않은 듯하나 토나 구두점이 없을 때에는 이런 전성을 알아두면 문장을 이해하는 데에 편리하다. 한편, 아니다[不]·있다[有]·없다[無]를 특수한 형용사로 보는 견해도 있다.

① 앞길이 <u>양양하다</u>.

　　: 洋은 명사이지만 형용사처럼 쓰였다.

② 긴 소나무가 <u>늘어졌다</u>.

　　: 落은 동사이지만 형용사처럼 쓰였다.

一. 己所不欲을 勿施於人이니라.

語句

勿~於~ ~에게 ~하지 말라

二. 天下에 有達尊이 三이니 爵一齒一德一이니라. 彼以其富어든 我以吾仁이요
彼以其爵이어든 我以吾義니라.

語句

達尊 어떤 시대에나 존중할 것. 존귀한 지위에 오름

三. 今有世俗五戒하니 一曰事君以忠이요 二曰事親以孝요 三曰交友以信이요 四
曰臨戰無退요 五曰殺生有擇이니 若은 行之無忽하라.

語句

事 섬기다

無 ~하지 말라(금지사)

殺生 산 것을 죽임

연습 문제

1. 다음 문장에서 동사를 찾으시오.

　① 知彼知己 百戰不殆　　　② 君子有三樂

2. 다음 중에 동사가 아닌 것은?

　① 花　　　　② 放　　　　③ 補　　　　④ 爲

3. 다음 한자의 상대자相對者를 쓰시오.

　① 長　　　　　　　　② 愚

4. 다음 밑줄 친 글자의 품사는?

　① 淸ⓐ風徐來ⓑ　　　　　② 臥ⓐ薪ⓑ嘗膽

5. '長'이 다음 품사로 쓰일 때의 뜻을 쓰시오.

　① 명사　　　　　　　② 형용사

6. 다음의 물음에 답하시오.

　何ⓐ由로 知ⓑ吾ⓒ可也이꼬?

1) ⓐ의 품사는 무엇인가?

2) ⓑ의 문장성분은 무엇인가?

3) ⓒ은 몇 인칭대명사인가?

3. 부사副詞 · 접속사接續詞

❶ 부사

분량分量의 정도

> ① 必, 大, 最, 甚, 自, 殆 등
>
> ② (ㄱ) 雖愚必明
>
>   (ㄴ) 宣祖大怒
>
>   (ㄷ) 事勢甚急
>
>   (ㄹ) 淸風徐來

① 사물의 동작에 붙어서 정도·상태가 어떠함을 나타낸다. 또는 동사나 형용사 및 다른 부사를 구별하거나 영향이 미치는 범위를 제한하는 역할을 한다.

② (ㄱ) 비록 어리석은 사람일지라도 <u>반드시</u> 밝게 된다.

  : 必은 형용사 明을 수식한다.

(ㄴ) 선조께서 <u>크게</u> 노했다.

: 大는 동사 怒를 수식한다.

(ㄷ) 일의 형편이 <u>매우</u> 다급하다.

: 甚은 형용사 急을 수식한다.

(ㄹ) 맑은 바람이 <u>천천히</u> 불어온다.

: 徐는 동사 來를 수식한다.

시간의 정도

① 方, 初, 始, 終, 旣, 嘗 등
② (ㄱ) 倭賊<u>方</u>渡河
   (ㄴ) 天下<u>初</u>定
   (ㄷ) 吾<u>嘗</u>聞道

① 현재, 과거, 미래 등을 나타낸다.

② (ㄱ) 왜적은 <u>바야흐로</u> 강을 건너온다. [현재의 의미]

   (ㄴ) 천하가 <u>비로소</u> 평정되었다. [현재의 뜻]

   (ㄷ) 내가 <u>일찍이</u> 도를 들었다. [과거의 의미]

※ 이외에도 老人<u>兒</u>啼 (노인이 아이처럼 운다)와 같이 명사가 부사의 역할을 하는 경우도 있고, 분량과 시간으로 엄격히 구분되지 않는 것도 있다. 단지 부사라는 것, 그래서 동사, 형용사, 다른 부사 등을 수식한다는 것을 알고 있으면 문장 이해에 도움을 준다. 그러므로 분량 또는 시간을 나타내는 것을 따로 구분하는 것은 그다지 중요하지 않다. 한편, 不·未·非·莫 등 부정조동사否定助動詞를 부정부사否定副詞로 보는 경우도 있다.

❷ 접속사

일반접속사

> ① 且, 與, 若, 及, 如 등
> ② (ㄱ) 富與貴는 是人之所欲也라.
>
> (ㄴ) 五十如六十

① 단어單語와 단어, 구문句文과 구문을 연결시켜주는 역할을 한다. '~와', '~ 및', '혹은'
  등. 與와 及은 영어의 'A and B', 如와 若은 'A or B'와 비슷

② (ㄱ) 부와 귀 이것은 사람들이 하고자 하는 것이다.

  : and와 같은 용법

  (ㄴ) 오십 또는 육십

  : or와 같은 용법

부사적 접속사

> ① 則, 而, 然 등
> ② 徐行則免死하고, 疾行則及禍니라.

① 이들은 접속사이면서 부사 성격을 띠고 있다. 則(곧), 然(그러나) 따위

② 천천히 가면 죽음을 면하고, 빨리 가면 화를 당한다.

  : '~하면'(則)은 앞의 문장이나 서술어를 조건절로 만들어 문장 전체를 가정형 문장으
  로 만들어주는 부사적 접속사이다.

접속사의 순접·역접

① **순접**

  (ㄱ) 保民而王하다.

  (ㄴ) 昔之圖國家者는 必先敎百姓하고 而親萬民이니라.

② **역접**

  (ㄱ) 無罪而就死地라.

  (ㄴ) 人而不知五常이면 則其違禽獸不遠矣리라.

① (ㄱ) 백성을 보호<u>하고</u> 왕노릇하다.

  : '~하고'(而)는 말뜻을 순서대로 이어주는 역할을 한다.

  (ㄴ) 옛날의 국가를 도모하는 사람은 반드시 먼저 백성을 가르치고 <u>그리고</u> 백성을 사이좋게 하였다.

  : '그리고'(而)는 말뜻을 순서대로 이어주는 역할을 한다.

※ 이상은 순접順接이다. 순접일 때는 '~하고', '~그리고', '~하여', '~하니' 따위로 해석된다.

② (ㄱ) 죄가 없<u>으나</u> 죽음에 나아간다.

  : '~하되 그러나'가 되어 앞의 문장으로 예측할 수 있는 결과가 부정된 것을 나타낸다.

  (ㄴ) 사람<u>이지만</u> 오상을 알지 못하면 그 새나 짐승과의 차이가 멀지 않다.

  : 而는 뒤의 부정사를 동반하고 있다.

※ 이상은 역접逆接이다. 역접일 때는 '~그러나', '~이지만', '~하여도'로 해석된다. 然도 독립된 접속사로 구문 앞에 나오면 '그렇지만'이 되고, 然而도 대부분 '그러한데', '그러고서도'로 되어 모두 역접이 된다.

一. 孝者는 百行之本也라.

語句

孝者 孝라는 것. 者는 불완전 명사로 '~라는 것'

二. 死後祭之는 不如生前之善養이니라.

語法

不如~ ~하는 것만 같지 못하다. ~하는 것이 낫다.(비교형)

三. 心不在焉이면 視而不見하며 聽而不聞하며 食不知其味니라.

語法

焉 여기
視而 보려 해도. 而는 역접접속사

연습 문제

1. 다음에서 부사를 찾아 쓰시오.

  ① 徐來

  ② 大器晩成

2. 다음에서 접속사를 찾아 쓰시오.

  ① 視而不見

  ② 貧與賤

  ③ 富與貴

3. '而'의 용법에 따라 풀이를 쓰시오.

  ① 順接

  ② 逆接

4. 다음 중 부사로 쓸 수 없는 것은?

  ① 必   ② 嘗   ③ 而   ④ 方

5. 다음 중 접속사로 쓸 수 없는 것은?

  ① 且   ② 與   ③ 由   ④ 及

4. 전치사前置詞·후치사後置詞

❶ 전치사

일반전치사

> ① 于, 乎, 於 등
>
> ② (ㄱ) 志于學
>
> (ㄴ) 戒愼乎其所不睹하라.
>
> (ㄷ) 靑出於藍而靑於藍이라.

① 于, 乎, 於는 가장 많이 쓰이는 전치사로 내개 같은 역할을 한다. 위 셋을 비롯한 전
  치사는 체사體辭(명사·대명사) 앞에 붙어서 앞과 뒤를 연결시켜주면서 시간, 장소, 방법,
  원인, 대상 따위에 해당하는 말을 표시해준다.

② (ㄱ) 배움에 뜻을 둔다.

  (ㄴ) 그 보이지 않는 곳에서 삼가라

  (ㄷ) 푸른색은 쪽풀에서 나왔는데도 쪽보다 푸르다.

※ 위의 문장에서 于, 乎, 於는 같은 역할을 한다. 단지 (ㄷ)의 두 번째 於는 '~보다'로 비교의 대상을 가리키는 데 쓰이고 있다. 이들을 也, 矣 등과 함께 어조사語助詞로 분류하는 경우도 있다.

전치사의 변용變用

① 도치倒置나 목적어 앞에 오는 경우
② (ㄱ) 衣食於奔走 [도치]
　　(ㄴ) 三年을 無改於父之道라야 可謂孝矣니라. [목적격]

① 도치는 전치사가 후치사처럼 대상이 되는 말 뒤에 쓰인 경우이고, 목적어 앞에 놓여 목적어를 가리키는 경우도 있다.

② (ㄱ) 먹고 입는 것에 분주하다.
　　: '奔走於衣食'이 도치되기 전의 형태이다.
　　(ㄴ) (아버지가 돌아가신 후) 3년 동안 아버지의 도리를 고침이 없어야 효도라고 할 수 있다.
　　: '父之道'는 목적어구目的語句이며, '道'는 목적어이다.

그 밖의 전치사

① 自, 由, 以, 爲, 從 등
② (ㄱ) 自遠方來
　　(ㄴ) 由是觀之
　　(ㄷ) 以德服人者에게는 中心悅하여 而誠服也니라.
　　(ㄹ) 爲其子孫하여 託之所信者라.

① 일반 문장에서 흔히 쓰이는 전치사이다.

② (ㄱ) 먼 곳<u>으로부터</u> 온다. [장소·출발]

　(ㄴ) 이로 <u>말미암아</u> 본다. [원인·까닭]

　(ㄷ) 덕<u>으로써</u> 남을 복종시키는 사람에게는 마음속으로 기뻐하여 진실로 복종한다.

　[이유·도구]

　(ㄹ) 그 자손을 <u>위하여</u> 믿는 사람에게 그를 맡겼다.

　: 동사 爲가 전치사처럼 쓰이는 데 유의해야 한다.

❷ 후치사

之의 용법

① 夫賢士之處世也는 [주격主格]
② 孝者는 德之本也라. [소유격所有格]
③ 惻隱之心은 仁之端也라. [동격同格]

① 무릇 현명한 선비<u>가</u> 세상에 머무르는 것은

　: 주격의 '가' 또는 '이'로 쓰이는 것이다.

② 효도는 덕<u>의</u> 근본이다.

　: 소유격 '의'가 된다. 관형격冠形格이라고도 한다. 이런 쓰임이 가장 많다.

③ 측은해<u>하는</u> 마음은 인의 실마리이다.

　: 앞의 之는 동격의 '~한' 또는 '~라고 하는'으로 된다. 뒤의 之는 소유격이다.

※ 후치사도 기본 용법은 전치사와 같으며, 之가 대표적인 것이다. 후치사는 문장의 상
　태를 고르게 하기 위해 쓰거나, 앞에 나온 말을 강조하기 위해 쓴다. 예를 들면, 古人
　과 古之人의 차이는 古人은 단순히 옛사람을 뜻하고, 古之人은 지금 사람에 비해서
　옛날 사람은 어떠하다고 강조하는 것이다.

관용구와 그 밖의 후치사

① (ㄱ) 之於, 之與, 之爲, 之所 등

　　(ㄴ) 麒麟<u>之於</u>走獸와 鳳凰<u>之於</u>飛鳥와 聖人<u>之於</u>民은 亦類也라.

② (ㄱ) 由, 從, 爲 등

　　(ㄴ) 何<u>由</u>로 知吾可也이까?

① (ㄱ) ~이 ~에 대해서, ~이 ~와 더불어, ~이 ~됨, ~이 ~는 바

　(ㄴ) 기린<u>의</u> 짐승<u>에 대해서</u>와, 봉황<u>의</u> 나는 새<u>에 대해서</u>와, 성인<u>의</u> 백성<u>에 대해서</u>의 관계는 또한 같은 것이다.

② (ㄱ) ~로 말미암아, ~로부터, ~때문에

　(ㄴ) 무엇<u>으로 말미암아</u> 내가 할 수 있음을 아십니까?

一. 民惟邦本이니 本固라야 邦寧이니라.

二. 謂學不暇者는 雖暇라도 亦不能學矣니라.

三. 用兵之法은 全國爲上이요 破國次之니라.

語法

全國 나라를 온전히 함

四. 舜은 執其兩端하사 用其中於民하시다.

語法

其中 그 가운데, 두 가지를 절충 중화함

연습 문제

1. 전치사와 후치사를 각각 2개 이상 쓰시오.

　① 전치사

　② 후치사

2. 다음 밑줄 친 부분의 품사는?

　① 志于學

　② 百行之本

　③ 自遠方來

3. 다음 '之'를 각각 해석하고 다른 점을 쓰시오.

　① 惻隱之心

　② 仁之端也

5. 조사助詞 · 감탄사感歎詞

❶ 조사

也의 용법

> ① 義는 人之正路也라. [단정]
>
> ② 道也者는 不可須臾離也니라. [강조]
>
> ③ 孔文子는 何以謂之文也오. [의문]

① 의리는 사람의 바른 길이다.

  : 단정적인 어감을 나타낸다.

② 도라는 것은 잠시라도 떠날 수 없다.

  : 앞의 也는 강조의 어감, 뒤의 也는 단정적인 어감이다.

③ 공문자는 어찌 이것을 문文이라 하는가?

  : 의문의 어감을 나타낸다. 반어를 나타내는 것도 이와 유사하다. 의문, 반어를 나타

낼 때는 흔히 의문부사 또는 의문대명사가 함께 있다.

※ 이와 같이 조사는 문장의 끝에 붙어서 단정, 강조, 의문 등의 어감을 나타낸다. 이런
조사를 종결사終結詞 또는 종미사終尾詞라고도 부른다.

矣·焉의 용법

① 朝聞道면 夕死라도 可矣니라. [단정]
② 三人行에 必有我師焉이니라. [전치사＋대명사]
③ 孔子聞焉하니 老子告之曰……. [전치사＋대명사]

① 아침에 도를 들으면 저녁에 죽어도 좋다.

: 矣는 주관적인 견해나 판단, 주장 따위를 서술할 때 주로 쓰인다.

② 세 사람이 감에 그중에 반드시 나의 스승이 있느니라.

③ 공자가 그것에 대해 묻자, 노자가 고하기를…….

: 焉은 종결사의 위치에 쓰일 때, 대개 於之의 축약형으로 본다.

※ 이 두 조사는 也와 비슷한 용법으로 쓰이지만 단정이 가장 많다.

耳·已·而已·而已矣 등

① 直好世俗之樂耳니라. [한정]
② 奉公之道는 無他라. 各盡其職而已이라. [한정]

① 다만 세속의 음악을 좋아할 뿐이니라.

: '~뿐이다'는 한정을 나타낸다. 동사 好의 범위를 한정해주고 있다.

② 공적인 일을 하는 방법은 다른 것이 없다. 각각 자기의 직분을 다하는 것일 따름이다.

: 耳보다 더욱 강한 한정이다.

※ 已는 '그치다', '그만두다'의 의미가 있다. 그러므로 而已는 '~하고서 그치다'의 의미이고, 다시 풀어서 말하면 '~만 하다', '~할 뿐이다' 라는 말이 된다. 已만 쓰는 것은 접속사 而를 생략한 것이고, 而已矣는 단정적인 어감의 종결사 矣를 더한 것이다. 耳는 而已의 음을 합쳐 가차假借한 것이다. 耳와 已는 비슷한 강도로 쓰이지만 而已, 而已矣 등은 어세語勢가 더욱 강해진다.

乎·與(歟)·哉·諸·夫·耶 등

> ① 先生은 許之乎이까. [의문]
> ② 是 豈水之性哉아. [반어]
> ③ 此 豈非世所謂豪傑者耶아. [반어]

① 선생께서는 그것을 허락하시겠습니까?

② 이것이 어찌 물의 성질이겠는가?

③ 이것이 어찌 세상에서 말하는 이른바 호걸이란 것이 아니겠는가?

※ 모두 의문과 반어를 나타내지만, 다만 乎의 경우 단언하지 않는 경향을 띠고 있어 가장 약하게 쓰인다. 의문과 반어는 문장 형태상으로 동일하므로 종결사도 같이 쓴다. 의문과 반어의 조사에는 대개 의문부사 또는 의문대명사가 수반되는 것에 유의해야 한다.

❷ 감탄사

한 글자 감탄사

> ① 噫라, 天喪予샷다.
> ② 惡라, 是何言也오.

① 아아, 하늘이 나를 버리셨도다.

② 아아, 이것이 무슨 말이냐?

  : 惡의 음은 '오' 이다.

※ 감동이나 감탄으로 나오는 소리이기 때문에 대개 '아아!'로 해석한다.

두 글자 감탄사

① 嗚呼, 痛哉라.

② 嗚呼라, 國恥民辱이 乃至於此로다.

③ 噫呼라, 利는 誠亂之始也로다.

④ 立大功而名不稱焉하니 悲夫인저.

① 아아, 원통하도다.

② 아아, 나라가 부끄럽고 백성이 욕됨이 여기에 이르렀구나!

③ 아아, 이익은 참으로 혼란의 시작이구나!

④ 큰 공을 세우고도 이름이 칭송되지 않으니 슬프구나!

※ 감탄사에는 이외에도 於(오), 於呼, 於戱, 旴 등이 있다. 한문의 품사 중에서 가장 단순
  하다.

● 참고

① 여기에서는 10품사로 나누었으나 9품사나 11품사로 나누기도 한다.

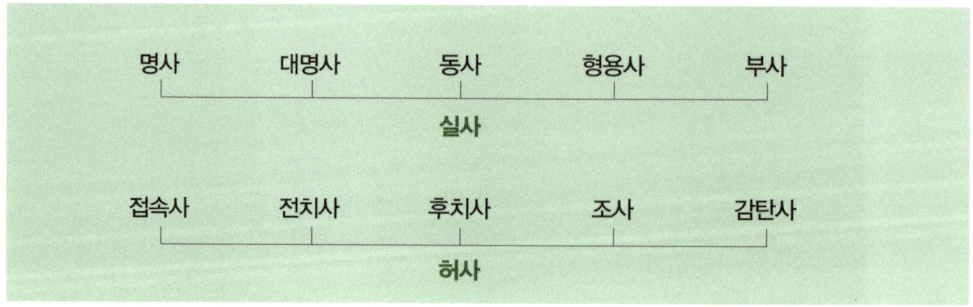

실사實詞는 어느 한 문장 안에서 문장의 실질적인 내용을 가지는 주성분主成分이 된다. 허사虛詞는 어느 한 문장 안에서 다른 단어들에 붙어서 기능을 발휘하는 보조적인 부성분副成分이 된다.

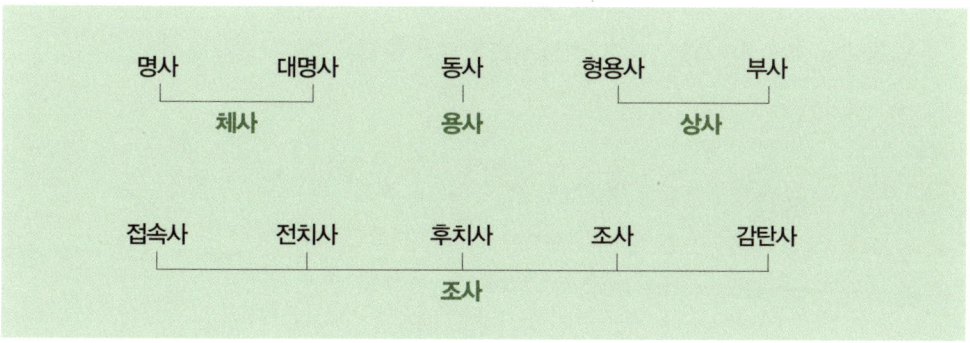

실사를 쓰임에 따라 구체적으로 나누어보면, 체사體辭와 용사用辭는 문장의 근간이 되고 상사狀辭는 문장을 수식한다. 허사는 모두 조사助辭에 해당하는데, 체사·용사·상사를 도와서 서로 간의 의미 관계를 정확히 하고, 문장의 의미를 좀 더 섬세하게 하거나 어감을 보존하는 기능을 한다.

② 특히 우리나라에서 통용되는 한문 문법은 구분 방법이나 용어가 통일되어 있지 않다. 중국이나 일본의 용어나 이론을 그대로 도입하는 경우도 있고, 영어나 국문법의 용어나 이론을 원용하기도 한다. 학생들은 이 점에 유의해야 할 것이다.

이 책에서는 가급적 우리나라에서 흔히 쓰이는 문법 용어를 가려 썼으며, 기초적인 이론도 영문법과 국문법을 참작했다. 한문의 구조가 영어와 유사한 점이 많고, 또 국어 문법 용어는 이해에 도움을 주기 때문이다.

一. 德者는 本也요 財者는 末也니 外本內末이면 爭民施奪이니라.

語法

外本內末 근본을 바깥으로 하고 말단을 중심으로 함

二. 人而不知五常이면 則其違禽獸不遠矣니라.

語句

五常 오륜五倫. 인간이 지켜야 할 다섯 가지

三. 昔之圖國家者는 必先敎百姓하고 而親萬民이니라.

四. 我不盜而璧이나 若笞我라.

語法

而璧 너의 구슬
若 2인칭 대명사

1. 다음 문장에서 조사와 감탄사를 가려보시오.

　　嗚呼哀哉

2. 也의 용법 세 가지를 쓰시오.

3. 다음 也의 다른 점을 쓰시오.

　　道也[⊙]者 不可須臾離也[ⓛ]

4. 다음 중 감탄사가 아닌 것은?
　① 惡　　② 悲夫　　③ 痛哉　　④ 噫

5. 품사를 성질에 따라 실사와 허사로 나누어보시오.
　① 실사
　② 허사

4장

문법文法(2)

문형文型

1. 평서문平敍文 · 의문문疑問文

❶ 평서문

평서문은 한문에서 가장 많이 나타나는 문형이다. 평서문은 주어와 술어 그리고 보어와 목적어가 순서대로 나열된다.(2장 기초–2. 문장의 구성 참고) 여기에서 긍정을 나타내는 조사 '也', '矣' 등은 사용할 수 있다.

목적어가 없는 경우

① 天高 馬肥. [주어+술어]

② 信者는 人之大寶也라. [주어+술어]

③ 勤爲無價之寶라. [주어+술어+보어]

① 하늘은 높고 말은 살찐다.

　: 天高와 馬肥가 보태어져 이룬 복문複文이다. 天과 馬는 주어고, 高와 肥는 술어이다.

② 믿음은 사람의 큰 보배이다.

　　: 信者는 주부主部요 人之大寶는 술어이다.

③ 근면함은 값이 없는(따질 수 없는) 보배이다.

　　: 勤은 주어, 無價之寶는 보어이다. 爲가 술어이다.

목적어가 있는 경우

① 我讀經書라. [주어＋술어＋목적어]

② 舜은 用其中於民하시다. [주어＋술어＋목적어＋보어]

① 나는 경서를 읽었다.

　　: 我는 주어, 讀은 술어, 經書는 목적어이다.

② 순임금은 그 가운데를 백성에게 적용하셨다.

　　: 舜은 주어, 用은 술어, 中은 목적어, 民은 보어이다. 보어 앞에 전치사 於가 놓여 있다.

❷ 의문문

의문문은 반어문과 문장 구조나 형식이 유사하므로 문맥의 의미를 잘 파악하여 정확하게 구분하여야 한다. 또 평서문과 반대되는 의미 구조를 가지고 있으므로, 한 문장을 놓고 바꾸어보는 연습을 하는 것도 문장 습득에 도움이 된다.

의문조사를 쓰는 경우 – 乎, 耶, 哉, 與 등

① 亦將有以利吾國乎이까.

② 朝三而暮四면 足乎아.

③ 夫差여 忘越人之殺而父耶아.

의문조사(의문종결사)만을 쓴 경우이다.

① 또한 장차 우리나라를 이롭게 함이 있겠<u>습니까</u>?

　: 의문조사 乎를 써서 의문을 나타내고 있다.

② 아침에 세 개 그리고 저녁에 네 개면 만족<u>하겠는가</u>?

　: 의문조사 乎를 써서 의문을 나타내고 있다.

③ 부차여, 월나라 사람이 그대의 아버지를 죽였음을 잊었<u>는가</u>?

　: 耶를 써서 의문을 나타내고 있다. 而는 2인칭 대명사이다.

의문사를 쓰는 경우 – 孰, 誰, 何, 焉 등

① 禮與食이 孰重고.

② 飛來飛去落誰家오.

③ 子何恃而往고.

의문사(의문대명사 또는 의문부사)만을 쓴 경우이다.

① 예와 먹는 것은 <u>어느 것</u>이 중한가?

　: 孰을 써서 의문을 나타낸다.

② 날려오고 날려가서 <u>누구</u> 집에 떨어지는가?

　: 誰를 써서 의문을 나타낸다.

③ 자네는 <u>무엇</u>을 믿고 가는가?

　: 何를 써서 의문을 나타낸다.

의문사와 의문조사를 함께 쓰는 경우 – 何以~耶, 何以~也, 安~也(哉), 獨~乎 등

의문사와 의문조사를 함께 써서 의문문을 만드는 경우이다. 의문사와 의문조사의 결합은 어느 글자와 어느 글자가 일정하게 함께 쓰이는 것은 아니며, 모든 의문사와 의문조사가 융통성 있게 결합되어 쓰인다.

① 何以知其然耶아.
② 安求其能千里也리오.
③ 何以謂仁內義外也아.

① 무엇으로써 그러함을 알았는가?

 : 何以~耶가 의문문을 만들고 있다.

② 어찌 그것이 천 리를 갈 수 있기를 바라겠는가?

 : 安~也가 의문문을 만들고 있다.

③ 무슨 까닭으로 속은 仁하고 겉은 義하다고 말하는가?

 : 何以~也가 의문문을 만들고 있다.

해석 연습

一. 富與貴는 是人之所欲也나 不以其道로 得之어든 不處也라.

二. 徐行則 免死하고 疾行則及禍니라.

語法
及禍 화가 미친다.

三. 君使臣以禮하고 臣事君以忠이니라.

語句
使臣 신하를 부린다.

四. 天下에 有達尊이 三이니 爵一齒一德一이니 朝廷엔 莫如爵이요 鄕黨엔 莫如
齒요 輔世長民엔 莫如德이니 惡得有其一하야 以慢其二哉리오.

1. 다음 문장의 문형을 설명하시오.

   ① 朝四而暮三 足乎

   ② 勤爲無價之寶

2. 다음 문장에서 의문사는?

   ① 牛何之

   ② 何由知吾可也

3. 다음 문장의 문형을 설명하시오.

   ① 愼是護身之符

   ② 聖人百世之師也

4. 다음 평서문에서 주어와 술어를 각각 찾아 쓰시오.

   ① 我韓國人

   ② 天地玄黃

5. 다음 평서문에서 술어와 목적어를 각각 찾아 쓰시오.

   ① 我讀書

   ② 君習字

6. 다음 평서문에서 술어와 보어를 각각 찾아 쓰시오.

   ① 雲爲雨

   ② 日沒于西山

2. 반어문 反語文 · 부정문 否定文

❶ 반어문

의문조사를 쓰는 경우 – 乎, 也, 哉, 與, 耶, 焉 등

> ① 人不知而不慍이면 不亦君子<u>乎</u>아.
>
> ② 可不愼<u>與</u>아.
>
> ③ 吾不惴<u>焉</u>이랴.

의문조사만을 쓴 경우다. 반어문은 단정적 어감을 강조하기 위하여 평서문의 긍정, 부정을 반대로 하여 의문문의 형식을 빌려 쓴 것이다. 그러므로 형식은 의문문과 같으나 의미는 평서문과 비슷하다.

① 다른 사람이 알아주지 않아도 성내지 아니하면 또한 군자가 아니<u>겠는가</u>?

   : 반어를 통해 군자라는 것을 강조한 것이다.

② 삼가지 <u>않으랴</u>?

: 삼가야 한다는 것을 강조한 것이다.

③ 내가 두려워하지 않겠<u>는가</u>?

: 내가 두렵다는 뜻을 강하게 나타내고 있다.

의문사를 쓰는 경우 – 何, 安, 焉, 豈, 誰, 孰 등

> ① <u>何</u>往不可리오.
>
> ② 割鷄에 <u>焉</u>用牛刀리오.
>
> ③ 我<u>豈</u>能爲五斗米하여 折腰向鄕里小兒아.

의문대명사 또는 의문부사만을 쓴 경우이다.

① <u>어디</u>에 간들 살 수 있지 않겠는가.

: 어디에 가더라도 살 수 있다는 뜻이다.

② 닭 잡는 데 <u>어찌</u> 소(잡는) 칼을 쓰리오.

: 소(잡는) 칼을 쓸 수 없다는 뜻이다.

③ 내가 <u>어찌</u> 다섯 말의 쌀을 위하여 시골 아이를 향해서 허리를 굽힐 수 있으랴.

: 허리를 굽히지 않겠다는 뜻이다.

의문사와 의문조사를 함께 쓰는 경우 – 孰~也, 寧~乎, 豈~哉 등

> ① 是可忍<u>也</u>온 <u>孰</u>不可忍<u>也</u>리오.
>
> ② 王侯將相이 <u>寧</u>有種<u>乎</u>아.
>
> ③ 雖有臺池鳥獸나 <u>豈</u>能獨樂<u>哉</u>리오.

의문사와 의문조사가 함께 쓰이는 경우이다. 의문사와 의문조사의 결합은 특정 글자가
일정하게 함께 쓰이는 것은 아니며 모든 의문사와 의문조사가 융통성 있게 결합되어 반

어문을 만들고 있다.

① 이것을 참을 수 있다면 <u>어느 것</u>을 참을 수 없겠<u>는가</u>.

　　: 어느 것이든 참을 수 있다는 뜻이다.

② 왕후와 장상이 <u>어찌</u> 씨가 있<u>으리오</u>.

　　: 씨가 없다는 뜻이다.

③ 비록 누대·연못·새·짐승이 있을지라도 <u>어찌</u> 혼자서만 즐길 수 있겠<u>는가</u>.

　　: 혼자서만 즐길 수는 없다는 뜻이다.

❷ 부정문

단순부정 – 不, 弗, 非, 無, 未 등

> ① 一寸光陰<u>不</u>可輕이라.
> ② <u>無</u>惻隱之心이면 <u>非</u>人也라.
> ③ 道<u>不</u>拾遺하고 山<u>無</u>盜賊이라.
> ④ 自生民以來로 <u>未</u>有孔子也시니라.

단순부정이다. 어떤 사실을 부정하는 문형에서는 위와 같은 부정사가 쓰인다. 이 부정사를 학자에 따라 조동사 또는 형용사, 일부는 부사의 성격을 가진다고 보기도 한다.

不, 弗은 주로 동사, 형용사류를 부정하는 데 쓰이며, 非, 無는 보어를 취하고 명사, 대명사를 부정하는 데 쓰인다. 未는 명사류를 부정하지만 '아직 ~아니다' 라는 미확정의 어감이 들어 있다.

① 잠깐의 시간도 가벼이 할 수 <u>없다</u>.

② 측은한 마음이 <u>없다</u>면 사람이 <u>아니다</u>.

　　: 無와 非는 이중부정이 아니다.

③ 길에서는 떨어진 물건을 줍지 <u>않고</u> 산에는 도둑이 <u>없다</u>.

④ 사람이 생겨난 이래로 공자만 한 이가 있지 <u>않았다</u>.

　　: 없었다는 뜻이다.

이중부정 – 非不, 莫不, 無不, 無非, 莫非 등

> ① 不爲也언정 <u>非不</u>能也라.
>
> ② 人情은 <u>莫不</u>愛其子니라.
>
> ③ 普天之下가 <u>莫非</u>王土라.

이중부정이다. 이중부정은 한 번 부정한 것을 다시 부정하는 것이므로 긍정이 된다. 단순한 긍정보다 강조의 성질을 띠고 있다. 아래 부정의 활용까지 합해 이중부정으로 묶어서 보기로 한다.

① 하지 않는 것이지 할 수 <u>없는 것이 아니다</u>.

② 사람의 정은 그(자기) 자식을 사랑<u>하지 않음이 없다</u>.

③ 온 하늘의 아래가 왕의 영토가 <u>아님이 없다</u>.

부정의 활용 – 不~不, 莫~不, 無~不, 未~不 등

> ① 言<u>不</u>可<u>不</u>愼也라.
>
> ② <u>無</u>處<u>不</u>到라.
>
> ③ 吾<u>未</u>嘗<u>不</u>得見也라.

이중부정을 활용한 예이다. 이것도 긍정의 뜻을 나타낸다. 이중부정인 점은 앞의 예와 같으나 중간에 부사나 조동사가 들어가 활용된 것이다. 이런 용례는 '不必不'(반드시 ~하지 않는 것이 아니다), '未必不'(반드시 ~하지 아니하지 못하다) 등 다양하다.

① 말은 삼가지 <u>않을 수 없다</u>.

② 이르지 <u>않은</u> 곳이 <u>없다</u>.

③ 내 일찍이 볼 수 <u>없었던 것이 없었다</u>.

※ 또 부사와 결합되어 일부만을 부정하는 부분부정과 전부를 부정하는 전체부정이
  있다.

   • 부분부정[부정사+부사] : 不必仁 (반드시 仁만은 아니다)

   • 전체부정[부사+부정사] : 必不仁 (틀림없이 仁이 아니다)

一. 有朋이 自遠方來면 不亦樂乎아.

有 어떤(막연한 대상, 부정칭不定稱)

自 ~부터(전치사)

二. 三年을 無改於父之道라야 可謂孝矣니라.

三. 噫라 天喪予샷다.

四. 嗚呼라. 國恥民辱이 乃至於此로다.

語法

乃至於此 이에 여기에 이르렀다.

五. 丈夫生世하여 用於國則以死報國하고 不用則耕於野 足矣니라. 附於權貴하야
得一時之榮은 吾不爲也로라.

연습 문제

1. 다음 문장의 문형을 설명하시오.

   言行 豈不愼乎

2. 다음 문장에서 반어를 나타내는 부사는?
   ① 豈能獨樂哉   ② 讀書豈擇地乎

3. 다음 문장의 문형을 설명하시오.
   ① 自有生民以來 未有孔子也
   ② 天生男子 豈偶然哉

4. 다음 부정문에서 부정사는?
   ① 忠臣不事二君   ② 非不能也

5. 다음 한자에서 반어를 나타내는 부사로 쓸 수 없는 것은?
   ① 豈   ② 奚   ③ 胡   ④ 誠

6. 다음에서 ①,②는 반어문의 문형을 나타내고 ③,④는 부정문의 문형을 나타낸다. 그 가운데에서 각각 반어문과 부정문을 만드는 글자를 찾아 쓰시오.
   ① 功之塔豈毁乎
   ② 來語不美去言何美
   ③ 不能舍己從人
   ④ 無惻隱之心非人也

3. 사역문 使役文 · 수동문 受動文

❶ 사역문

사역조동사 – 使~ …, 敎~ …, 令~ …, 遣~ …, 俾~ … 등

① 使越人大敗하다.
② 病中에 敎醫師急來하다.
③ 先生이 令人知之하다.
④ 遣往理之하다.
⑤ 俾民遵法하다.

남에게 어떤 동작을 하게 하는 문형이다. 모두 '~으로 하여금 …하게 하다'로 해석한다. 또 해석할 때 '~으로 하여금'을 '~을/를'로 바꾸는 것이 자연스러울 때도 있다. 사역문을 사동형 使動形 문장이라고도 한다.

• 사역조동사+A+B : A로 하여금 B하게 하다

• 사역조동사＋A＋B＋C : A로 하여금 C를 B하게 하다

① 월나라 사람들로 하여금 크게 패<u>하게 하다</u>.

② 병중에 의사로 하여금 급히 오<u>게 하다</u>.

③ 선생이 사람으로 <u>하여금</u> 이것을 알게 하다.

④ 가서 그것을 다스리<u>게 하다</u>.

⑤ 백성으로 <u>하여금</u> 법을 지키<u>게 하다</u>.

사역을 암시하는 동사 – 命~ …, 說~ …, 勸~ … 등

① <u>命</u>虞美人起舞하다.

② <u>說</u>夫差赦越하다.

③ 增<u>勸</u>羽殺沛公하다.

'~에게(를) ~하여 …하게 하다' 로 해석한다. 이것은 사역을 암시하는 동사를 써서 사역의 뜻을 나타낸 것이다. 대개 명령, 훈계, 설득의 동사인 것이 특징이다.

① 虞美人에게 <u>명하여</u> 일어나 춤을 추<u>게 하다</u>.

② 夫差를 <u>달래어</u> 越나라를 용서해주<u>게 하다</u>.

  : 說은 '세' 라고 읽는다.

③ 范增이 項羽에게 권하여 沛公을 죽<u>이게 하다</u>.

문맥상의 사역

① 大敗越人하다.

② 臨別에 飮友酒라.

사역조동사나 사역을 암시하는 동사가 없어, 문맥상으로만 사역을 파악해야 하는 경우

이다. 이런 예가 흔하지는 않지만 고전에서는 간혹 쓰이고 있다.

① 월나라 사람들을 크게 패하게 하다.

　　: 使越人大敗의 문장에서 사역조동사 使를 빼고 문장을 도치시켜 사역을 나타내고

　　있다.

② 이별에 다다라 벗에게 술을 마시게 했다.

　　: 문법적 형식 없이 내용상으로만 사역의 의미를 나타내고 있다.

❷ 수동문

수동을 만드는 한자 - 見, 被, 爲, 所, 於, 乎 등

> ① 吾嘗三仕하여 三見逐於君이로다.
> ② 爲私鬪者는 各以輕重被刑이니라.
> ③ 所殺者는 赤帝之子라.
> ④ 不信乎朋友면 不獲乎上矣니라.

수동을 만드는 조동사, 전치사, 보조사 따위를 사용한 경우이다. 남의 동작을 나 또는 누군가 당하게 되는 문형이다. '(~에게) …를 당하다'로 해석된다. 수동문은 피동문被動文 이라고도 한다.

① 내 일찍이 세 번 벼슬하여 세 번 임금에게 쫓겨났다.

② 사사로운 싸움을 벌이는 자는 각각 가볍고 무거움에 따라 형벌을 당한다.

③ 죽임당한 자는 적제의 아들이다.

④ 벗들에게 신임을 얻지 못하면 윗사람에게서도 신임을 얻지 못하게 된다.

수동을 만드는 관용구 – 爲~所…, 見(爲)…於~ 등

① 後則爲人所制니라.

② 家畜이 皆爲盜賊所掠이라.

③ 父兄이 見戮於倭라.

수동을 나타내는 관용구를 사용한 경우이다. '~에게 …당하게 되다'로 해석된다.

① 뒤처지면 남에게 제어당하는 바 된다.

   : 人은 3인칭 대명사이다.

② 가축이 모두 도둑에게 빼앗기는 바 되었다.

③ 아버지와 형이 왜에게 죽임을 당했다.

문맥상의 수동

① 聖人之道가 不行이라.

② 仁則榮이요 不仁則辱이라.

③ 命大提學하다.

수동을 나타내는 한자나 관용구를 쓰지 않고도 문맥상으로 수동의 의미를 갖는 경우이다. 흔하지는 않지만 고문에서는 간혹 이런 경우가 있다. 命과 같이 수동의 뜻을 나타내는 동사에는 拜, 任, 討 등이 있다.

① 성인의 도가 행해지지 아니하다.

② 어질면 영화롭고 어질지 못하면 욕을 당하게 된다.

③ 대제학에 임명되다.

一. 青出於藍而靑於藍이라.

語句
於 ~ ~에, ~보다

二. 以德服人者는 中心悅하여 而誠服也니라.

語法
誠 진실로

三. 惻隱之心은 仁之端也요 羞惡之心은 義之端也요 辭讓之心은 禮之端也요 是非
　　之心은 智之端也라.

語句
羞惡 부끄럽고 미워함

語法
之 ~한[동사,형용사+之+명사], ~의[명사+之+명사]

四. 昔者에 狙公이 賦芋朝三暮四則衆狙가 怒하다가 朝四暮三則衆狙가 喜하니라.
　　狙公曰 朝四暮三이면 足乎아.

語句
狙公 원숭이를 돌보는 관리
芋 토란

연습 문제

1. 다음 문장을 풀이하고, 문형의 종류를 설명하시오.

   ① 死孔明 走生仲達

   ② 死孔明 使生仲達走

2. 다음 한자에서 사역을 만들 수 있는 글자는?

   ① 見   ② 使   ③ 被   ④ 不

3. 다음 문장의 문형을 설명하시오.

   ① 是以見放

   ② 後則爲人所制

4. 다음 한자에서 사역을 만들 수 있는 글자가 아닌 것은?

   ① 使   ② 令   ③ 敎   ④ 見

5. 다음 문장에서 수동을 나타내는 글자는?

   ① 家畜 皆爲盜賊所掠

   ② 是以見放

6. 다음 문장의 □ 속에 적당한 글자를 넣어 사역문을 만드시오.

   ① 吾□人 望其山

   ② □越人 大敗

4. 금지문禁止文 · 비교문比較文

❶ 금지문

금지사를 쓰는 경우 – 勿, 無, 莫, 毋 등

① 非禮勿視하고 非禮勿聽하고 非禮勿言하고 非禮勿動하라.

② 臨財에 無苟得하며 臨難에 無苟免하라.

③ 莫說己之長하라.

④ 毋友小人之輩하라.

금지사를 써서 금지하는 뜻을 나타내는 것이다. 금지사는 금지조동사로 보기도 한다. 勿, 無, 莫, 毋 등의 금지사는 어떤 때는 단순한 부정사否定詞로 쓰이는 수도 있으니, 문맥을 잘 살펴 판단할 필요가 있다.

① 예가 아니면 보지도 <u>말고</u> 예가 아니면 듣지도 <u>말고</u> 예가 아니면 말하지도 <u>말고</u> 예가 아니면 행동하지도 <u>말라</u>.

② 재물에 임해서는 구차하게 얻지 <u>말고</u> 어려움에 임해서는 구차하게 모면하지 <u>말라</u>.

③ 자기의 장점을 말하지 <u>말라</u>.

④ 소인의 무리를 벗삼지 <u>말라</u>.

명령형命令形

> ① 觀하라, 百獸之見我而敢不走乎아.
>
> ② 可來共決死하자.

다른 주체에게 명령 혹은 권유하는 뜻을 나타낸다. 금지문은 부정 명령으로 크게 보면 명령문의 범주에 든다.

① <u>보라</u>, 짐승들이 나를 보고서 감히 도망가지 않는가?

　: 동사 觀이 명령을 나타낸다.

② 와서 같이 죽음을 결단<u>하자</u>.

　: 동사 來 위에 조동사 可가 붙어 권유를 나타낸다.

당위형當爲形 − 可, 當, 宜, 須 등

> ① 此亦人子也니 <u>可善遇之</u>니라.
>
> ② 爲父<u>當</u>慈하고 爲子<u>當</u>孝니라.
>
> ③ 讀書는 <u>須</u>百遍하라.

조동사를 써서 당위當爲를 나타낸다. 그러므로 의무를 수반하여 당위 또는 금지의 뜻을 나타낸다. 이런 경우를 의무형義務形이라고도 한다.

① 이 또한 사람의 자식이니 그를 잘 대우<u>해야 한다</u>.

② 아버지가 되어서는 자애로워야 하고 아들이 되어서는 효도<u>해야 한다</u>.

③ 글을 읽는 것은 백 번<u>이어야 한다</u>.

❷ 비교문

비교형 – 於〔乎, 于〕~, 莫〔無〕~於〔于, 乎〕~, 不如〔不若〕~, 莫如〔莫若, 無如, 無若〕~ 등

① 氷은 水爲之나 而寒<u>於</u>水라.

② 國之語音이 異<u>乎</u>中國이라.

③ 樂<u>莫</u>大<u>於</u>此라.

④ 百聞이 <u>不如</u>一見이라.

⑤ 百年之計는 <u>莫如</u>種樹니라.

전치사, 부정사 등이 일정하게 혼합되어 비교를 나타낸다.

예문 ①을 분석해보자. '氷은 水爲之나 而寒於水라' 에서 爲는 '~이 되다' 를 나타내는 동사이며, 之는 대명사로서, 바로 앞에 나오는 명사 氷을 대신하여 쓰이고 있다. 而는 앞뒤 문장을 이어주는데, 여기서는 and, but 두 가지 용법 중에서 'but' (그러나)에 해당한다. 예문의 중심이 되는 於는 영어의 than과 같은 용법으로 '~보다' 가 되는 것이다.

① 얼음은 물이 변해서 되는 것이나 물<u>보다</u> 차다.

② 나라의 말과 소리가 중국<u>과</u> 다르다.

③ 즐거움이 이<u>보다</u> 큼이 <u>없다</u>.

④ 백 번 듣는 것이 한 빈 보는 것<u>만 못하다</u>.

⑤ 백 년의 계획은 나무를 심음만 <u>같은 것이 없다</u>.

선택형 – 與其∼, 寧〔不若〕∼, 與其∼豈若∼哉〔乎〕 등

① 禮與其奢也론 寧儉이라.
② 與其從辟人之士也론 豈若從辟世之士哉아.

이것과 저것 중에 어느 하나를 선택하는 것이다. 비교형의 한 형태로도 볼 수 있다.

예문 ①을 분석해보자. '與其∼寧∼'은 '與其A寧B'의 형식으로서 '與其A不若B'와도 같은 뜻이다. '與其A寧B'는 'A하는 것보다는 차라리 B하는 것이 낫다'이고, 또 '與其A不若B'는 'A라는 것이 B라는 것만 못하다'이니 서로 같은 뜻이다. 이때 '與其'는 글자대로 해석하려고 할 필요가 없음에 유의해야 한다. 그리고 '寧'은 '차라리'의 뜻이며, '不若'은 '같지 못하다', '못하다'의 뜻이다.

① 예는 사치스러운 <u>것보다는</u> 차라리 검약이 <u>낫다</u>.

② 사람을 피하는 선비를 따르는 <u>것이 어찌</u> 세상을 피하는 선비를 따르는 것만 <u>같겠는가</u>?

　: 의문사 '豈'와 반어사 '哉'가 동시에 쓰였다.

一. 人不知而不慍이면 不亦君子乎아.

語法
人不知 다른 사람이 (자기를) 알아주지 않음

二. 禮는 與其奢也론 寧儉이니라.

語法
與其~也, 寧~ ~하기보다는, 차라리 ~ 하는 것이 낫다.

三. 非禮勿視하고 非禮勿聽하고 非禮勿言하고 非禮勿動이니라.

語法
非~勿~ ~아니면 ~ 말라.

四. 夫餘는 正月祭天하되 國中이 大會하여 連日飮酒歌舞하니 名曰迎鼓라. 是時에 斷刑獄하고 解囚徒니라.

연습 문제

1. 다음 문장의 문형을 설명하시오.

　① 非禮勿言 非禮勿動

　② 遠親 不如近隣

2. 다음 문장에서 금지사를 찾으시오.

　① 非禮勿聽

　② 臨難無苟免

3. 다음 문장의 문형을 설명하시오.

　① 靑出於藍而靑於藍

　② 氷水爲之而寒於水

4. '禮與其奢也 寧儉'에서 '寧'을 해석하시오.

5. 다음 중 금지사로 쓸 수 없는 것은?

　① 莫　　② 勿　　③ 不　　④ 豈

6. 다음 문장에서 금지사는?

　① 不臨危而求幸

　② 李下 不整冠

　③ 附耳之言 勿聽焉

　④ 凡我同胞兮 毋忘功業

5. 가정문假定文 · 도치문倒置文

❶ 가정문

가정부사, 가정접속사를 쓰는 경우 － 則, 若, 如, 苟, 雖(縱) 등

> ① 背義忘德<u>則</u>天人이 共戮하리라.
> ② <u>若</u>有不可諱면 其如人民何오.
> ③ 自反而縮이면 <u>雖</u>千萬人이라도 吾往矣리라.

어떤 조건을 가정하여 '만일 ~한다면' 이라는 뜻의 예상되는 결과를 나타내는 것이다.

① 의리를 등지고 덕을 잇는<u>다면 곧</u> 하늘과 사람이 함께 죽으리라.

: 則은 '한다면, 곧 ~' 의 뜻으로, 접속사의 성질을 띠고 있다.

② <u>만약</u> 피할 수 없는 것이 있으<u>면</u> 백성을 어찌하겠는가.

③ 스스로 돌아보아 곧으면 <u>비록</u> 천만 인<u>이더라도</u> 나는 가리라.

: 雖(비록)은 부사로서, 가정의 성격을 띠고 있다.

가정을 만드는 관용구를 쓰는 경우 – 若(如)~則~, ~乎(耶)~何(豈)~ 등

① 若不修德이면 則一世而亡하리라.
② 子曰 能以禮讓으로 爲國乎면 何不治之有리오.

관용구를 써서 가정을 나타낸다.

① 만일 덕을 닦지 않으면 한 세대에 망하리라.

　: '若~則~'은 가정부사와 가정접속사를 함께 쓴 경우로, 가장 일반적인 형식이다.

② 공자가 말하기를 "禮讓으로 나라를 다스린다면 어찌 다스려지지 아니함이 있겠느냐?"

　: 드문 경우이지만 이런 형식이 있다는 것을 알아두는 것도 도움이 된다.

문맥상의 가정

① 朝聞道면 夕死라도 可矣니라.
② 向者遇桀紂면 必殺之矣니라.

가정부사나 가정접속사가 들어 있지 않으면서 문맥상으로 가정을 나타내는 경우이다. 고전 한문에서는 이 같은 경우가 흔히 있으므로 유의해야 한다.

① 아침에 도를 들으면 저녁에 죽어도 좋다.

　: '朝聞道면 夕死라도 可矣니라'에서 가정부사와 가정접속사를 쓴다면 '如朝聞道면 則夕雖死라도 可矣니라'(만일 아침에 도를 들으면 곧 저녁에 비록 죽더라도 좋다)가 된다. 如, 則, 雖 등의 글자가 생략된 것이다.

② 예전에 걸임금이나 주임금을 만났다면 반드시 그를 죽였을 것이다.

　: '何者若遇桀紂면 則必殺之矣니라'로 바꿀 수 있다.

❷ 도치문

도치문은 어떤 성분을 강조하기 위해 도치하였기에 강조형이라고도 한다.

① 그것이 있지 않다.

　: '未有之'를 도치한 것이다. '之'는 대명사

② 이와 같다면 그것은 금수만 같지 못하다.

　: '如此則不若禽獸矣'를 도치한 것이다. '之'는 대명사

③ 어질도다, 顔回여!

　: '回也賢哉'에서 술어를 주어 앞에 내세워 강조하기 위해 도치한 것이다.

④ 심하도다, 나의 쇠약함이여.

　: '吾衰也甚矣'에서 술어를 주어 앞에 내세워 강조하기 위해 도치한 것이다.

⑤ 꾸며대는 말과 아첨하는 낯빛에 드물도다, 仁한 사람이.

　: '드물다'[鮮]를 강조하기 위해 '仁鮮矣'를 도치한 것이다.

● 참고

이상에서 각 문형을 배웠다. 그러나 학자에 따라서는 한정형限定形 '~일 뿐이다'(而已),
억양형抑揚形 '하물며 ~하랴'(況~乎), 비유형譬喩形 '흡사 ~같다'(猶~), 감탄형感歎形 '아아'(嗚
呼) 등으로 더욱 세분하기도 한다. 그러나 여기에서는 가장 기본이 되는 10가지 문형만
을 설명하였다. 앞의 '3장 문법 (1): 품사' 편에서 다소 설명하였기 때문에 한문을 공부
하는 이들에게 번잡을 피하게 하기 위한 뜻도 있다. 따라서 품사편을 자세히 익히면 문

형 이해에 큰 어려움이 없을 것이다.

궁극적으로 한문 문법을 공부하는 것은 한문 해득을 위한 것이므로 '5장 실제' 편과 '6장 응용' 편에서 실제 문장을 접해보고 응용하는 방법을 익혀야 할 것이다. 또 한문 문법은 앞에서도 말했듯이 통일이 되지 않았고, 용어도 각기 달리 쓰이고 있는 실정이다. 이런 점은 하루속히 시정되어야 할 것이다. 한문도 엄연한 통일된 법칙이 있다. 그러면서도 그 법칙만으로는 해결이 되지 않는 고전들도 많다. 그 법칙은 영문법과 흡사한 점이 많아 때때로 영어의 문법과 견주어보았다. 법칙만으로 해결되지 않는 것은 실제 문장을 많이 접해보는 것이 첩경임을 아울러 유의해두어야 한다.

一. 道不拾遺하고 山無盜賊이니라.

二. 朝聞道면 夕死라도 可矣니라.

三. 積善之家는 必有餘慶하고 積不善之家는 必有餘殃이니라.

四. 子曰 吾十有五而志于學하고 三十而立하고 四十而不惑하고 五十而知天命하고 六十而耳順하고 七十而從心所欲하여 不踰矩니라.

語句	語法
十有五 열에 또 다섯. 有는 접속사	不踰矩 법도를 넘어서지 않음
耳順 듣는 것은 모두 이해함. 60세의 뜻으로도 쓰임	

五. 東方에 初無君長이러니 有神人이 降于太白山檀木下이라. 國人이 立爲君之하니 是爲檀君이라.

연습 문제

1. 다음 문장을 도치문倒置文으로 바꾸시오.

　　① 巧言令色 仁鮮矣

　　② 吾衰也甚矣

2. '朝聞道 夕死可矣'에는 '若'이라는 가정부사가 생략되었다. '若'의 적당한 위치는 어느 글자 앞인가?

3. 다음을 한문 문장으로 바꾸시오.

　　① 虞美人으로 하여금 일어나 춤추게 하다.

　　② 백성으로 하여금 법을 따르게 하다.

4. 다음 보기를 읽고 물음에 답하시오.

　　보기 : ㉠ 若此者 有益於天下　　㉡ 若 行之無忽

　　　　　㉢ 若冠　　　　　　　　㉣ 若有不可諱 其如人民何

1) 보기에서 가정문假定文을 찾으시오.

2) 각 문장에서 '若'의 쓰임이 각기 다르다. 각각의 뜻을 설명하시오.

5장

응용應用

고전 읽기 (1)

1. 역사와 인물 ❶

❶ 단군 ^{檀君}*

> 東方에 初無君長이러니 有神人이 降于檀木下어늘, 國人이 立爲君하니 是爲檀君
> 이라.
>
> 國號朝鮮하니 是唐堯戊辰歲也니라. 初都平壤이다가 後徙都白岳이라.
>
> 至商武丁八年乙未하여 入阿斯達山하여 爲神하니라.
>
> — 『동국통감 ^{東國通鑑}』*

語句

東方	동쪽 지방이라는 뜻으로, 우리나라를 가리키던 옛말
君長	임금, 우두머리
神人	신령스런 사람
檀君	우리나라의 첫 임금으로 일컬어진다. '단군 ^{檀君}'이라고도 한다.
朝鮮	아침 해가 빛난다는 뜻으로, 여기에서는 이씨조선 ^{李氏朝鮮}과 구분되는 고조

선古朝鮮을 가리킨다.

唐堯	중국 고대 당唐나라의 요堯임금
戊辰歲	무진년戊辰年이란 뜻. 무진戊辰은 60갑자甲子의 하나. 무진년은 정확히 추정할 수 없는 연대이다.
白岳	지금의 평양 부근의 백악산白岳山 또는 황해도黃海道의 구월산九月山이라고도 한다.
商武丁	중국 고대 상商나라 무정武丁. 이 연대도 정확히 추정할 수 없다.
阿斯達山	백악白岳과 같이 백악산白岳山 또는 구월산九月山이라고도 한다.

語法

有	'어떤~'이라고 해석하며, 막연한 것을 가리키는 말이다. '있다'라고 해석하면 어색하다.
都	도읍했다. '도읍'이라는 명사가 동사로 전성되어 쓰인 것이다.
爲	'立爲君'에서 '爲'는 '~으로 삼는다'이다. 나머지는 모두 '~이 되다'의 의미이다.

해석

동쪽에 처음에는 임금이 없더니 한 신령스러운 사람이 박달나무 아래에 내려오거늘, 나라 사람들이 세워서 임금으로 삼으니 이 사람이 단군이다.

나라를 조선이라 부르니 이때는 당나라 요임금 때의 무진년이다. 처음에는 평양에 도읍했다가 뒤에 백악으로 옮겨 도읍했다.

상나라 부정 8년 을미년에 이르러서 아사달산에 들어가 신이 되었다.

---

*『단군신화』	우리가 알고 있는 단군신화檀君神話는 『삼국유사三國遺事』에 좀 더 상세히 기록되어 있다. 단군의 건국 이념建國理念은 홍익인간弘益人間으로 전해진다.
*『동국통감東國通鑑』	신라 초부터 고려 말까지의 역사를 적은 책. 조선조 세조世祖 때부터 착수하여 1484년(성종成宗 15년)에 서거정徐居正 등이 완성했다.

❷ 안시지전安市之戰[*]

語句

唐	이연李淵이 수隋나라를 멸망시키고 세운 나라로, 618년에서 907년까지 이어졌다.
李世勣	이세적. 당나라의 장수
安市	안시성. 지금의 만주지역에 있던 고구려高句麗의 성城으로 양만춘楊萬春이 당의 군사를 물리친 곳으로 유명하다.
帝旗蓋	제帝(당태종唐太宗)의 깃발과 일산日傘(해가리개)을 가리킨다. 깃발과 일산은 황제를 상징하는 것이다.

語法

望見	바라보다.
乘城	성에 올라서
鼓噪	북[鼓]을 울리고 시끄럽게 소리지르다. '鼓'는 명사가 동사로 전성되어 쓰인 것이다.
克城	성을 이기다[克]. 즉 함락하다.
坑之	그들을[之] 구덩이에 '산 채로' 묻다[坑].
下	함락, 항복의 뜻

해석

당나라 이세적이 드디어 안시성을 공격하거늘, 안시성 사람들은 황제(당태종唐太宗)의 깃발과 일산을 바라보고는 곧바로 성에 올라가 북을 치며 소리를 지르니, 황제가 노했다. 세적은, 성을 정복하는 날에 '성 안'의 남자들은 모두 묻어 죽이자고 (태종에게) 청했다. 안시성 사람들이 이 말을 듣고는 더욱 굳게 지키니 공격해도 함락되지 않았다.

***안시성**安市城 **싸움**   645년(고구려高句麗 보장왕寶藏王 4년)에 성주城主 양만춘楊萬春과 백성들이 끝까지 당에 맞서 싸워 이긴 전쟁이다.

*『**삼국사기**三國史記』   삼국, 신라 통일기의 우리나라 역사를 적은 책. 김부식金富軾이 지었는데, 우리나라 최고最古의 정사正史 이다.

---

❸ 화랑오계花郎五戒*

貴山等이 聞圓光法師入中國而回하고, 至門하여 進告曰, "願賜一言하여 以爲終身 之戒니이다."

光이 曰, "今有世俗五戒하니, 一曰 事君以忠이요, 二曰 事親以孝요, 三曰 交友以信 이요, 四曰 臨戰無退요, 五曰 殺生有擇이니 若等行之無忽하라"하니라.

— 『**삼국사기**三國史記』

語句

花郎五戒   화랑花郎이 지켜야 할 다섯 가지 계율로, 내용은 본문本文에 있다.

圓光法師   원광圓光은 신라의 승려 이름. 법사法師는 불교에서 승려를 높여 부르는 말

光   원광圓光을 줄여 일컫는 말

語法

聞   '貴山等'의 술어가 된다.

以爲   '~로 삼다'의 뜻. 또 '~라고 생각하다', '~써 되다'의 뜻이 있다.

終身   한평생, 죽을 때까지

事	'事君', '事親'에서 '섬기다'의 뜻
以	'~로써'. 도구, 방법을 나타내는 전치사(介詞介詞)
親	어버이. '친하다', '친히'의 뜻으로 많이 쓰인다.
若等	'若'은 '너'라는 2인칭 대명사이고, '等'은 여럿을 나타내는 복수형 접미사
無	'無忽'은 '소홀히 하지 말라'는 뜻으로, 無는 금지사로 쓰였다.

해석

귀산貴山 등이 원광법사圓光法師가 중국에 들어갔다가 돌아왔음을 듣고, 원광법사의 문(법사가 있는 절)에 이르러 나아가 고하기를, "한 말씀 주시어 한평생의 계율로 삼게 해주십시오."

원광이 말하기를, "이제 세속에서의 다섯 가지 계율이 있으니, 첫째는 임금을 충성으로써 섬길 것이요, 둘째는 어버이를 효도로써 섬길 것이요, 셋째는 벗을 사귐에 믿음으로써 할 것이요, 넷째는 싸움에 나아가서는 물러남이 없을 것이요, 다섯째는 살아 있는 것을 죽임에는 가림이 있을 것이니, 너희들은 이를 행함에 소홀하지 말라" 하니라.

---

*화랑花郎 신라 때 청소년으로 조직된 민간수양단체로 국선도國仙徒 등으로 불리었다. 세속오계는 이들의 행동강령이었다.

조선고금명현전朝鮮古今名賢傳

一. 以一國兵으로 當羅唐之大兵하니 國之存亡을 未知也라. 恐爲妻子沒爲奴婢니

　 與其生辱으론 不如死快라.

語句

羅唐 신라와 당나라

語法

當 당하여, 맞이하여

恐爲妻子沒爲奴婢 처자를 빼앗기게[沒] 되어[爲] 노비가

　 될까[爲] 두렵다[恐]. '爲妻子(所)沒'은 수동형 문장

與其~, 不如~ '~하는 것보다는 차라리 ~하는 것만 같지

　 못하다'의 비교형(선택형)

조선고금명현전朝鮮古今名賢傳

二. 昔에 句踐은 以五千人으로 破强吳七十萬衆하니, 今日 諸君은 宜各奮勵決勝

　 하여 以報國恩하라.

語句

句踐 중국 춘추시대 월越나라의 왕. 아비 원

수를 갚기 위해 오吳나라의 왕 부차夫差를 쳐

이겼음

語法

宜各 '각각 ~해야 한다', '마땅히 각각 ~해야 한다'

字義 풀이

 바 소, 처소 소

① 所 '~한 바' (불완전명사) 뒷말의 수식을 받는다.

: 無所不知　모르는 바가 없다.

: 奪其所憎而與其所愛　그 미워하는 자에게서 빼앗아 좋아하는 사람에게 준다.

② 所 '~한 곳' (불완전명사) 앞말의 수식을 받는다.

: 適材適所　알맞은 인재를 알맞은 자리에 씀

③ 所 문장에서 동사를 수동受動의 의미로 만든다.

: 後則爲人所制　뒤떨어지면 남에게 제압당하는 바 된다.

④ 所以 '이유', '원인', '수단'

: 此吾國之所以興隆也　이것이 우리나라가 흥하여 번성하게 된 이유이다.

 비록 수

① 雖 '비록 ~이라 할지라도' (가정, 양보)

: 人雖至愚 責人則明　사람이 비록 지극히 어리석더라도 남을 꾸짖는 데에는 똑똑하다.

: 雖長大好帶劍 中情怯耳　비록 장대長大하고 칼을 즐겨 차고 있다 할지라도, 마음속으로는 겁내고 있을 뿐이다.

② 雖然 '비록 ~이라 할지라도', '비록 이와 같을지라도'

: 雖然異姓 同心協力　비록 다른 성이라 할지라도, 한마음으로 협력하리라.

수염 수, 잠깐 수, 필요할 수, 모름지기 수

① 須 '수염'

: 須眉(수미) 수염과 눈썹

② 須 '잠깐' (부사)

: 道也者 不可須臾離也　도道라는 것은 잠깐이라도 떠날 수 없는 것이다.

③ 須 '필요하다'

: 必須　꼭 필요함, 없어서는 안 됨

④ 須 '모름지기 ~해야 한다' (부사)

: 先須大其志　먼저 모름지기 그 뜻을 크게 해야 한다.

: 男兒須讀五車書　사나이는 모름지기 다섯 수레의 책을 읽어야 한다.

一炊之夢 일취지몽

덧없는 부귀영화. 인생人生의 허무함을 비유, 일장춘몽一場春夢과 같은 뜻이다. 「침중기枕中記」에 나오는 일화로, 당唐나라 때 노생盧生이라는 사람이 한단邯鄲 저잣거리에서 '한 번 밥을 짓는 동안에 꾼 꿈'이라는 뜻으로, 꿈에서 그가 바라던 대로 출세하여 부귀영화를 얻었고 죽으면서 깨어났다고 한다.

연습 문제

1. 다음 글 가운데서 밑줄 친 한자를 순수한 우리말로 고치시오.

　①唐李世勣 <u>遂</u>攻安市　　②東方 <u>初</u>無君長

2. 다음 문장을 읽고 물음에 답하시오.

　　有神人이 <u>降</u>[㉠]于檀木下어늘,

　　國人이 立<u>爲</u>[㉡]君하니 是<u>爲</u>[㉢]檀君이라.

1) 밑줄 친 ㉠의 독음과 뜻을 쓰시오.

2) 밑줄 친 ㉡과 ㉢의 '爲'는 그 뜻이 서로 다르다. 다음에서 이것과 같은 뜻으로 쓰인
　것을 각각 찾으시오.

　①勤爲無價之寶　　　②爲人謀而不忠乎

　③必以是爲主焉　　　④得一時之榮 吾不爲也

3. 다음 문장을 해석하시오.

　①初都平壤이다가 後徙都白岳이라

　②入阿斯達山하여 爲神하니라

　③奪其所憎而與其所愛

4. 다음에서 밑줄 친 '至'는 뜻이 각기 다르다. 각각의 뜻을 설명하시오.

　①自天子 以<u>至</u>於庶人　　②人雖<u>至</u>愚 責人則明　　③禍福將<u>至</u>

5. 다음 문장의 빈칸에 알맞은 글자를 보기에서 각각 찾으시오.

보기 : ㉠ 皆 ㉡ 益 ㉢ 於 ㉣ 下 ㉤ 之

安市人이 聞□하고, □堅守하니, 攻之不□더라.

6. 다음 문장을 읽고 물음에 답하시오.

安市人 望見帝旗蓋㉠ 卽乘城鼓噪

帝怒, 世勣 請克城之日, 男子皆坑之.㉡

1) 밑줄 친 ㉠이 뜻하는 바는?

2) 밑줄 친 ㉡을 해석하시오.

7. 다음 문장을 읽고 물음에 답하시오.

貴山等 聞圓光法師 入中國而回,㉠

至㉡門 進告曰, 願賜一言 以爲㉢終身之戒

1) ㉠과 ㉡의 주어는 각각 무엇인가?

2) ㉢의 뜻을 쓰시오.

8. 원광법사圓光法師의 '세속오계世俗五戒'를 한자로 쓰시오.

9. 다음에서 밑줄 친 '須'는 뜻이 각기 다르다. 각각의 뜻을 설명하시오.

　① <u>須</u>眉

　② 道也者 不可<u>須</u>臾離也

　③ 男兒<u>須</u>讀五車書

　④ 必<u>須</u>品

10. 다음에서 주어와 목적어를 각각 찾아 쓰시오.

　① 若行之無忽

　② 國人立爲君

　③ 安市人望見帝旗蓋

　④ 人雖至愚 責人則明

2. 역사와 인물 ❷

❶ 세종대왕世宗大王

上이 薨于永膺大君第東別宮하다.

上이 聰明睿智하고 仁孝英斷하여, 自在閤好學忘倦하여 手不釋卷하시다.

及卽位하여는 每日四夜求衣하고, 平明受朝하고, 次視事하고, 次輪對하고, 次經筵

하여 未嘗少懈러시다.

又始置集賢殿하고 選文士하여 備顧問하고, 覽觀書史이면 樂而不厭하시다.

—『세종실록世宗實錄』* 三十二年 二月 壬辰

語句

上   임금. 여기서는 세종대왕世宗大王

薨   임금의 죽음을 '훙' 이라 한다.

永膺大君   세종世宗의 여덟 번째 아들. 이름은 담琰. 소헌왕후昭憲王后 심씨沈氏의 소생所生. 그림과 글씨에 소질이 있고, 음률音律에 통했다.

第	집
東別宮	영응대군永膺大君의 집에 있던 별채. 영응대군이 집을 지을 때, 세종께서 명령하여 후에 옮겨 거처할 건물 하나를 집의 동편에 세우게 하였다고 한다.
聰明睿智	슬기롭고 지혜롭다.
仁孝英斷	인자하고 효성이 지극하며, 지혜롭고 용감하며 결단성이 있다.
閤	동궁. 즉 세자로 있을 때를 뜻함. 본래는 세자가 거처하는 건물을 가리키는 말이다.
好學忘倦	배우기를 좋아하고 게으름을 잊어버리다.
手不釋卷	손에서 책을 놓지 아니한다.
四夜	사경四更과 같은 말. 밤 1시~3시
輪對	여러 관료가 임금이 알아야 할 정사政事에 대해 돌아가며 깊이 있게 보고하는 것
經筵	임금 앞에서 유학 경서經書를 강론講論하는 자리를 말하는데, 여기서는 동사動詞처럼 쓰여 임금 앞에서 경서를 강론하는 것을 뜻한다.
集賢殿	고려高麗 이후 조선조朝鮮朝 초기에 걸쳐 설치되었던 왕실연구기관王室研究機關의 하나. 집현전集賢殿이란 명칭은 1136년(고려 인종 14)에 연영전延英殿을 집현전이라 개칭改稱한 데서 시작되었으나, 조선조 건국 초기에 이르기까지는 별다른 활동活動이 없었다. 세종 때에 들어와서 비로소 기구機構를 확장하고 문신文臣들을 집현전에 뽑아 문풍文風을 크게 진작振作하였다.

語法

未嘗少懈	'일찌기 조금도 게으르지 않았다' 라는 뜻. '未'는 부정사否定詞이다. 부정사에는 無(무), 毋(무), 勿(물) 등 초성이 'ㅁ'으로 발음되는 글자가 많다.

해석

임금께서 영응대군永膺大君 집의 동별궁東別宮에서 돌아가셨다.

임금께서는 슬기롭고 지혜로우셨으며, 인자롭고 효성스러우며 뛰어나고 결단력 있으시며, 동궁에 있을 때부터 배우기를 좋아하여 게으름을 잊어버리고는 손에서 책을 놓는 일이 없으셨다.

즉위함에 미쳐서는 매일 사경四更이면 옷을 입고, 날이 환하게 밝으면 조회朝會를 받고, 다음에 정사政事를 보고, 다음에는 윤대輪對를 하고, 다음에는 경연經筵에 나아감에 일찍이 조금도 게으르지 않으셨다.

또 처음 집현전集賢殿을 두시고 글 잘하는 선비들을 뽑아 고문顧問으로 갖추시고, 경서經書와 역사歷史를 살펴보심에 즐거워하면서 싫증내지 않으셨다.

---

*조선왕조실록朝鮮王朝實錄 1893권 888책. 조선 태조太祖부터 철종哲宗에 이르기까지 25대 472년간의 역사적 사실을 연월일 순에 의하여 편년체編年體로 기술한 역사서이다. 그중 『세종실록』은 136권 67책으로 단종端宗 2년에 간행되었으며, 편찬 대표자는 정인지鄭麟趾이다.

❷ 이순신李舜臣

舜臣이 進擊하여 大破之하니 焚賊船二百餘艘요 殺獲無算이라.
追至南海界에 舜臣이 親犯矢石力戰타가 有飛丸이 中其胸하여 出背後라.
左右扶入帳中하니 舜臣曰 "戰方急하니 愼勿言我死하라"하고 言訖而絶하니라.
舜臣의 兄子莞이 素有膽量이라. 秘其事하고 以舜臣令으로 督戰益急하니 軍中이 不知也니라.

— 『징비록懲毖錄』*

語句

焚賊船	도적의 배를 불사르다.
追至南海界	추격하여 남해(노량露梁 앞바다)의 지경에까지 이르다.
親犯矢石	몸소 화살과 탄환을 무릅쓰다. '犯'은 '범하다'가 아니고 '무릅쓰다', '石'은 '탄환'을 뜻함

力戰	있는 힘을 다하여 싸움
有飛丸	나는 탄환. '有'는 막연히 사물을 가리키는 것으로 '어떤', '한'의 뜻
出背後	등 뒤로 뚫고 나갔다.
左右	주위에 모시고 있는 사람
言訖而絶	말씀이 끝나자 절명했다.
兄子莞	형님의 아들 완莞. 이순신의 조카 이완李莞(1579~1627). 이순신의 휘하에서 임진왜란 때 참전했고, 뒤에 무신이 되어 이괄李适의 난을 평정했으며, 정묘호란 때 싸우다 힘이 모자라 병기고에 불을 지르고 타죽었다.
素有膽量	평소 담력과 도량이 있었다.
秘其事	그 일을 숨기다.
以舜臣令	이순신의 명령으로써

語法

殺獲無算	적을 죽이고 물자를 빼앗은 것이 헤아릴 수가 없다. '無算'은 '너무 많아 셀 수 없음'
中其胸	그 가슴을 맞혔다. '中'은 동사로 '맞히다', '들어맞다'라는 뜻
戰方急	싸움이 바야흐로 급박하다. '方'은 가장 가까운 현재
愼勿言我死	삼가 내가 죽은 것을 말하지 말라. '愼'은 부사로 '조심하여', '삼가'의 뜻
督戰益急	싸움을 독려하기를 더욱 급하게 하다. '益'은 부사로 '더욱더'의 뜻
軍中不知也	군대 가운데에서 (아무도 이순신이 전사한 것을) 알지 못했다.

해석

순신이 나아가며 무찔러서 크게 그들을 깨뜨리니, 적의 배를 불사른 것이 200여 척이요, 죽이고 빼앗은 것은 헤아릴 수 없었다.

남해 경계까지 쫓아서 순신이 몸소 화살과 탄환을 무릅쓰고 힘껏 싸우다가 날아온 탄환이 그 가슴을 맞히고는 등 뒤로 나갔다.

주위의 사람들이 장막 안으로 부축해서 들어가니 순신이 말하기를, "싸움이 바야흐로 급하니 삼가 내가 죽은 것을 말하지 말라" 하고 말이 끝나자 운명하였다.

순신의 조카 이완李莞이 평소에 담력과 도량이 있었는지라, 그 사실을 숨기고 순신의 명령으로써 싸움을 독려하기를 더욱 급하게 하니, 군중이 알지를 못했다.

---

*『**징비록**懲毖錄』 서애西厓 유성룡柳成龍(1542~1607)이 일기체日記體로 임진왜란이 일어났던 7년간의 일을 기록한 책이다.

❸ 민영환閔泳煥*

嗚呼라 國恥民辱이 乃至於此하니 我人民이 將且殄滅於生存競爭之中矣리라.

夫要生者는 必死하고 期死者는 得生하나니 諸公은 豈不諒此오.

泳煥은 徒以一死로 仰報皇恩하고 以謝我二千萬同胞兄弟하노라.

泳煥은 死而不死하고 陰助諸君於九泉之下하리니 我同胞兄弟는 益加奮勵하고 堅乃志氣하여 勉其學問하며 結心戮力하여 回復我自主獨立하면 則死者當喜笑於冥冥之中矣리라.

— 유서遺書「**결고동포**訣告同胞」

語句

國恥民辱	나라가 부끄러움을 당하고, 백성이 욕을 당하다.
殄滅	죽어 없어짐
於生存競爭之中矣	'생존경쟁'의 가운데에서
要生者	살기를 바라는 자. '要'는 '요구하다, 바라다'의 뜻
期死者	죽기를 기약하는 자
仰報皇恩	우러러 위로 황제의 은혜에 보답하다.
陰助諸君	여러분들을 몰래 돕다.

於九泉之下	구천의 아래에서. '九泉'은 땅속 깊은 곳으로 사람이 죽으면 간다는 곳
益加奮勵	더욱더 힘쓰다.
結心戮力	마음을 다잡고 서로 힘을 합하다.
回復我自主獨立	우리의 자주독립을 회복하다.
死者當喜笑	죽은 자가 마땅히 기쁘게 웃으리라.
冥冥之中	어둡고 어두운 가운데. 저승을 뜻함

語法

乃至於此	이에 이 지경에까지 이르다. '乃'는 부사로 '이에, 곧'. 대명사 '此'는 위의 '國恥民辱'을 받는다.
得生	'得'을 타동사로 보는 경우, '삶을 얻는다'로 해석한다. 혹 '得'을 가능의 조동사로 보는 경우도 있는데, 이 경우 '살 수가 있다'로 해석할 수도 있다. 의미는 크게 다르지 않다.
豈不諒此	어찌 이를 헤아리지 않으리오?(반어형)
徒以一死	다만 한 번 죽음으로써. '徒'는 '다만·오직·한갓' 등 동사의 범위를 한정하는 부사임
以謝	(그것으로)써 사죄하다. '以'는 목적어를 생략하고 썼음
死而不死	죽으나 죽지 않는다. 육신은 죽으나 영혼은 죽지 않고 남는다는 뜻. '而'는 역접접속사로 '~이나~', '~하지만~'
堅乃志氣	당신들의 뜻과 기개를 굳게 하다. '乃'는 부사가 아니고 '너의, 당신의'라는 뜻

해석

아아! 나라가 부끄러움을 당하고 백성이 욕을 당함이 이에 여기까지 이르렀으니, 우리나라의 백성들이 장차에 생존경쟁의 가운데에서 죽어 없어지리라.

대저 살기를 바라는 사람은 반드시 죽고, 죽기를 기약하는 사람은 삶을 얻을 것이니, 여러분은 어찌 이를 헤아리지 않으리오?

영환은 다만 한 번 죽음으로써 우러러 황제의 은혜에 보답하고, 그것으로써 우리 이천만 동포 형제에게 사죄하노라.

영환은 죽으나 죽지 않고 구천의 아래에서 여러분들을 남몰래 도울 것이니, 우리 동포 형제는 더욱더 분발하고 힘쓰며 당신들의 뜻과 기개를 굳게 하여 그 학문을 부지런히 닦으며 마음을 다잡고 힘을 합하여 우리나라의 자주와 독립을 회복한다면, 죽은 사람도 어둡고 어두운 속에서도 마땅히 기쁘게 웃으리라.

---

*민영환閔泳煥 1861~1905. 조선조 고종高宗 때의 문신. 자는 문약文若, 호는 계정桂庭. 특명 전권 공사로 러시아 황제의 대관식에 특파되었고, 을사조약이 체결되자 조약의 폐기를 상소하였으나 뜻을 이루지 못하자 국민과 각국 공사에게 고하는 유서遺書를 남기고 자결하였다. 이 글은 유서인 「결고동포訣告同胞」이다.

해동명장전 海東名將傳

一. 姜邯贊은 至興化鎭하여 選騎兵萬二千하여 伏山谷中하고 以大繩으로 貫牛皮

하여 塞城東川以待之러니 賊至에 決塞發伏하여 大破之러라.

語句

姜邯贊 고려조의 장군. 고려 현종

　때 상원수가 되어 거란의 장수 소

　손녕의 대군을 물리쳐 큰 공을 세

　운 공신

興化鎭 땅 이름. 지금의 평안북도

　의주군 동남지역 일대

騎兵 말을 타는 군사

伏 매복하다.

山谷中 산골짜기 가운데

大繩 큰 끈(동아줄을 말함)

貫 꿰다.

城東川 내 이름. 성의 동쪽에 흐

　르는 내

發伏 매복한 병사를 일으킴

語法

塞~以待之 ~을 막고 이

　를 기다리다. 之는 대명사

決 '터놓다'라는 동사

伏 복병伏兵의 줄인 말

조선고금명현전 朝鮮古今名賢傳

二. 文德이 遣使詐降하니 述 見士卒이 疲弊하여 不可復戰하고, 遂因其詐而還하

매 文德이 出軍하여 四面擊之하니, 述等이 且戰且行하여 至薩水하다.

語句

文德 을지문덕乙支文德

遣使詐降 사신을 보내어 거짓 항복하다.

述 수나라의 장수 우문술宇文述을 말한다.

疲弊 피폐, 피곤함

語法

遂因其詐而還 드디어 그 거짓으로 인하여 돌아가다.

　遂는 '드디어'의 뜻

且戰且行 한편으로는 싸우기도 하고 또 한편으로는 달

　아나기도 함. 行은 '달아나다'의 뜻

누구 숙, 어느 숙

① 孰 '누구'. 사람을 가리키는 의문대명사

　: 孰哉 누구이겠느냐?

　: 孰可以代之? 누가 그를 대신할 수 있는가?

　: 弟子孰爲好學? 제자 중에서 누가 학문을 좋아합니까?

② 孰 '어느 것'. 사물을 가리키는 의문대명사

　: 禮與食孰重? 예禮와 먹는 것은 어느 것이 더 중요한가?

③ A 孰與 B 'A와 B 가운데 어느 것이 나은가?'

　: 韓孰與魏强? 한韓나라와 위魏나라를 비교하면 누가 강할까?

④ A 孰若 B 'A와 B 가운데 어느 것이 나은가?'

　: 食孰若禮重? 먹는 것은 예와 비교하여 어느 것이 더 중요한가?

 이 시, 옳을 시, 바로잡을 시, 옳게 여길 시

① 是 '이' (지시대명사)

　: 是日 이날

② 是 '옳다' (형용사)

　: 是非曲直 옳고 그르고 굽고 곧음

　: 是非之心 옳고 그름을 가릴 줄 아는 마음

③ 是 '바로 잡다' (동사)

　: 是正 잘못된 것을 바로잡음

④ 是 '옳게 여기다' (동사)

　: 終是己見 끝내 자기 의견이 옳다고 여겼다.

⑤ 是 '~이다' (서술어)

: 愼是護身之符 삼가 조심함은 몸을 보호하는 부적이다.

⑥ 是以 '이런 까닭에'

: 是以民不從 이런 까닭에 백성들이 따르지 않는 것이다.

自暴自棄 자포자기

자기 자신을 스스로 버려서 돌아보지 않음. 『맹자孟子』 "自暴者 不可與有言也 自棄者 不可與有爲也"(스스로 자신에게 함부로 하는 사람은 더불어 말할 수 없고, 스스로 자기를 버리는 사람은 함께 일할 수 없다)에서 유래하였다.

1. 다음 밑줄 친 부분의 품사를 말하시오.

　① 上 薨 王永膺大君第東別宮

　② 舜臣進擊 大 破 之

2. 다음 문장을 읽고 물음에 답하시오.

　　上이 聰明睿智하고 仁孝英斷하여,

　　自ⓐ在閤好學忘□ⓑ하여 手不釋□ⓒ하시다.

1) ㉠의 뜻에 가까운 것은?

　① 스스로　　② 혼자서　　③ ~에서부터　　④ 저절로

2) ㉡과 ㉢에 알맞은 한자는?

　① 倦　　　② 券　　　③ 拳　　　④ 卷

3. 다음 낱말을 한자로 쓰시오.

　① 즉위　　　② 윤대　　　③ 집현전

4. 다음을 각각 해석하시오.

　① 每日四夜求衣

　② 平明受朝

　③ 未嘗少懈

　④ 樂而不厭

5. 다음 문장을 읽고 물음에 답하시오.

追至ⓐ南海界에 舜臣이 親犯矢石力戰ⓑ타가 有飛丸이 中ⓒ其胸하여 出背後라.

1) ㉠의 뜻에 가까운 것은?
　① ~까지　　② 이르다　　③ 지극하다　　④ 몹시

2) 밑줄 친 ㉡을 해석하시오.

3) 밑줄 친 ㉢의 뜻과 품사는?

6. 빈칸에 적당한 글자를 보기에서 찾으시오.

　보기 : ㉠ 非　㉡ 勿　㉢ 以　㉣ 乃　㉤ 將　㉥ 方　㉦ 辱

　① 戰□急하니 愼□言我死하라
　② 國恥民□이 □至於此라

7. 다음에서 각각 잘못 쓰인 글자를 한 자씩 찾아서 고쳐 쓰시오.
　① 生存兢爭　　　　　② 殺護無算
　③ 殺生有澤　　　　　④ 扶入張中

8. 다음에서 1인칭 대명사로 쓸 수 없는 것을 모두 찾으시오.
　① 我　② 汝　③ 而　④ 吾　⑤ 余　⑥ 女　⑦ 彼　⑧ 吾等

9. 다음 문장의 □에 적당한 토를 보기에서 각각 찾으시오.

　　보기 : ㉠ 오　　㉡ 리라　　㉢ 하나니　　㉣ 하고　　㉤ 하노라

夫要生者는 必死□　期死者는 得生□　諸公은 豈不諒此□

10. 다음 문장을 읽고 물음에 답하시오.

　　泳煥 死而㉠不死, 陰助㉡諸君□九泉之下.

1) ㉠은 (순접·역접)의 접속사이다.

2) ㉡의 뜻은?

3) □에 알맞은 전치사를 쓰시오.

3. 소설 小說

❶ 한문 춘향전 春香傳 *

鷄鳴後에 往春香之家하니 담장이 헐려 무너지고, 屋宇는 荒涼而但有鳥跡하여 쌓인 티끌 사이에 亂雜하다.

中有一老嫗하여 搔白首向黃葉而獨坐어늘 扣而問之하니 乃春娘之母月梅也라.

月梅曰 "客從何處來乎?" 客曰 "老嫗은 不知我乎아? 我是 李道令也로라."

月梅驚起하여 소매를 잡고 눈물을 흘리면서 言曰, "李郎, 李郎이여, 何其行色之草草, 而其來也가 亦何遲遲也오? 吾女春娘이 若非李郎之故면 胡爲乎獄中이리오? 幸望顯貴而來하여 心祝口呼者가 久矣러니 反爲乞人而至하니 嗚呼라 春香이여 誰依誰恃오?"

御使가 潸然히 눈물을 흘리면서, 悲曰, "其勢誠急하고 而其情이 誠戚也로되 救己之不暇어든 況爲人憂乎아?"

月梅가 因與李郎으로 同至獄門하여 呼春香謂曰, "來矣라, 來矣라"하니

香娘이 驚起而問하되 "何人이 來乎이까?" 香母曰, "李道令이 來矣니라."

春香이 愁中帶喜而語曰, "其夢耶아, 其眞耶아? 自天而降乎아, 從地而出乎아?"

語句

鷄鳴	닭이 울 무렵, 곧 날이 밝을 적
屋宇	집
荒凉	황폐하여 쓸쓸하다.
老媼	늙은 할멈
搔白首	흰머리를 긁다.
草草	초라한 모습(첩어疊語)
心祝口呼者	마음으로 빌고 입으로 부른 것. 즉 마음으로도 바라고 입으로도 그 내용을 되뇌어 기도했다는 뜻
顯貴	높은 벼슬을 하여 귀하게 됨
誠戚	진실로 슬픔

語法

客從何處來乎	손님은 어느 곳으로부터 왔습니까? '從'은 '自'와 같은 뜻으로 쓰였다.
我是李道令也	내가 이도령이다. '是'는 '~이다'라는 자동사로 쓰였다.
若非李郞之故 胡爲乎獄中	만약 이도령의 연고(관계)가 아니었더라면 어찌 옥중 (몸)이 되었겠는가!(반어형) '若~, 胡~'의 구句이다.
救己之不暇	자기 몸(己)을 구하기에도 겨를이 없거늘. '之'는 주격 개사(후치사)
帶喜	기쁨을 띠다. '帶'는 '띠'라는 명사가 '띠다'라고 동사로 전성되었다.
從地而出乎	땅으로부터 나왔는가? 또는 땅에서 솟아났는가? '從'은 '從何處來乎'에서처럼 '自'의 뜻

해석

날이 밝은 뒤 춘향의 집에 가니 담장이 헐려 무너지고, 집채는 황폐하여 쓸쓸하고 다만 새들의 발자국만이 있어 쌓인 티끌 사이에 어지럽다.

인에 한 노파가 있어 흰머리를 긁으며 누런 나뭇잎을 항하여 혼사 앉아 있거늘 문을 두

드리며 물으니 그는 춘향의 어머니인 월매였다.

월매가 말하기를 "손님은 어디서 오셨습니까?" 손님이 말하였다. "노파는 나를 모르십니까? 내가 바로 이도령입니다."

월매가 놀라 일어나서 소매를 잡고 눈물을 흘리면서 말하되, "이도령, 이도령이여, 어찌 그 행색이 초라하며 어찌 오는 것은 이토록 늦었는가? 내 딸 춘향이 만약 이도령과의 관계가 아니라면 어찌 옥중에 있겠는가? 행여나 귀하게 되어 올까 바라 마음으로 빌고 입으로 바란 것이 오래되었는데 도리어 거지가 되어 이르니, 아아! 춘향아 누구를 의지하고 누구를 믿을까?"

어사가 몰래 눈물을 흘리면서, 슬퍼하며 말하기를 "그 형세가 진실로 위급하고 그 실정이 참으로 슬프되 내 한 몸 구할 겨를도 없는데 하물며 남을 위해 근심하랴?"

월매가 그리하여 이도령과 함께 옥문에 이르러 춘향을 불러 말하길, "왔다, 왔다" 하니 춘향이 놀라 일어나서 묻되 "누가 왔습니까?" 하니, 춘향모 말하길, "이도령이 왔다."

춘향이 슬픔 속에 기쁨을 띠며 말했다. "이것이 꿈인가, 생시인가? 하늘에서 내려왔습니까, 땅에서 솟아났습니까?"

---

*『춘향전』 원래 국문본國文本으로 전해지나 한문본漢文本 춘향전春香傳이 뒷사람들에 의해 이루어졌다. 이것도 그중의 하나이다.

❷ 허생전 許生傳*

許生이 掩卷起曰, 惜乎라. 吾讀書는 本期十年인데 今七年矣로다. 出門而去라.

無相識者라. 直之雲從街하여 問市中人曰, 漢陽中에 誰最富오. 有道卞氏者러라.

遂訪其家하여 許生長揖曰, 吾家貧하여 欲有所小試니 願從君借萬金하노라.

卞氏曰, 諾다 하고 立與萬金하니 客竟不謝而去하니라.

(중략)

於是에 以銀十萬으로 付卞氏하며 曰吾不耐一朝之飢하여 未竟讀書하고 慙君萬金
이라.

卞氏大驚하여 起拜辭謝하고 願受什一之利한대 許生이 大怒曰, 君이 何以賈竪로
視我也오 하고 拂衣而去하니라.

— 『열하일기熱河日記』

語句

掩卷	책을 덮다.
本期十年	본래 십 년을 기약했다.
出門而去	대문을 나서서 그리고 떠났다. 집을 떠나갔다.
無相識者	서로 아는 사람이 없었다.
問市中人	저자의 사람에게 물었다.
萬金	金은 돈을 뜻함. '萬金'은 많은 돈의 뜻으로 쓰나 만 냥으로 치기도 함. '銀'도 돈을 뜻함
什一之利	什一은 10분의 1. 당시 이자는 대개 한 달에 10분의 1을 받는 것이 통례임
賈竪	장사치

語法

直之雲從街 바로 운종가로 갔다. '之'는 동사로 '가다'. '운종가雲從街'는 종로의 옛 이름

道	동사로 '말하다'의 뜻
欲有所小試	조금 시험해보고자 하는 것이 있다. '有所欲小試'를 강조하기 위하여 '欲'을 앞에 두었다.
立與	곧 주다. '與'는 동사로 '주다'의 뜻

해석

허생이 책을 덮고 일어나면서 말하기를, "슬프다! 나의 글 읽기는 본래 십 년을 기약하였는데, 이제 칠 년이로다" 하고 문을 나서서 떠났다.

서로 아는 사람이 없어 바로 운종가로 가서 저자의 사람들에게 물어 말하기를, "한양에서 누가 가장 부자요?" 하니, '변씨'라고 말해주는 사람이 있었다.

드디어 그 집을 찾아가서 허생은 길게 읍하여 말하기를, "집은 가난한데 조그맣게 시험해보고자 하는 것이 있으니, 원컨대 그대로부터 만 냥을 빌리고자 하노라" 하였다.

변씨가 말하기를, "좋습니다" 하고는 바로 만 냥을 주니, 손님(허생을 뜻함)은 마침내 인사도 하지 않고 가버렸다. (중략)

(허생이 돈을 벌어가지고 변씨 집에 와서), 이에 은 십만을 변씨에게 주며 말하기를, "내가 하루아침의 배고픔을 견디지 못하여 글 읽기를 마치지 아니하였으니 그대의(그대에게 빌린) 만 냥을 부끄러워하노라"라고 했다.

변씨가 크게 놀라 일어나서 절하고 사양하며 십분의 일의 이자만을 받을 것을 원하니, 허생이 크게 성내며 말하기를, "그대는 어찌하여 장사치로 나를 보는가?" 하고는 옷을 떨치고 가버렸다.

---

* **「허생전許生傳」** 박지원朴趾源(1737~1805)이 1780년(정조正祖 4년) 중국에 다녀오면서 쓴 『열하일기熱河日記』에 수록되어 있는 소설이다. 박지원은 조선 후기의 실학자로 청나라의 문물을 배워 상공업을 진흥시키고 이를 통해 나라를 부강하게 할 것을 주장했다.

❸ 구운몽九雲夢 **─ 김춘택**金春澤*

此時에 八仙女가 尙在石橋之上이다가 正與性眞으로 相遇라.

性眞이 捨其杖錫하고 上手而禮曰 "僉女菩薩아, 俯聽貧僧之言하라. 貧僧은 卽蓮花
道場, 六觀大師의 弟子也라. 奉師之命하여 下山而去다가 方還歸寺中矣러니, 石橋
甚狹하고 菩薩各坐하여 男女恐不得分路하니, 惟願僉菩薩은 暫移蓮步하여 特借歸
路하소서."

八仙女가 答拜曰 "妾等은 卽衛夫人娘娘의 侍女也라. 承命於夫人하여 問候於大師
하고, 歸路에 適少留於此矣로이다."

語句

尙	아직도, 오히려
性眞	「구운몽九雲夢」의 주인공 이름
杖錫	중(僧) 또는 도사道士가 짚는 지팡이. 위에 여러 개의 쇠고리를 달아 소리가 나게 되어 있다. 석장錫杖이라고도 함
菩薩	늙은 신녀信女. 여기서는 팔선녀八仙女에게 붙인 경칭敬稱. 이 밖에도 보살菩薩은 부처 다음가는 성인聖人, 석존釋尊의 전생前生, 고승高僧의 존칭尊稱으로 쓰인다.
俯聽	구부려 듣는다. '俯'는 말하는 사람의 겸손을 나타낸다. 의역하면 '말을 들어주시오.'
貧僧	빈약한 중. 중이 자기 자신을 겸손히 낮추어 부르는 말
蓮花道場(연화도량)	도량은 중 또는 도사들이 수행修行하는 장소. 연화는 도량의 이름
恐	아무래도 ~할 것 같다. ~할 것이 두렵다.
蓮步	미인의 고운 걸음걸이
妾等	첩은 여자가 자기를 낮추어 부르는 말. '等'은 '~들'이라는 복수를 나타냄

娘娘　　위부인衛夫人에 대한 경칭敬稱

大師　　위에 나온 육관대사六觀大師를 말함

해석

이때에 팔선녀가 아직도 돌다리 위에 있다가 정면으로 성진과 서로 만났다.

성진이 지팡이를 놓고 손을 합장合掌하여 예禮를 갖추고서 말하기를 "여러 보살菩薩들이여, 저의 말을 들어주시오. 저는 바로 연화도량 육관대사의 제자요. 대사의 명을 받들어 산을 내려갔다가 지금 절 안으로 돌아가는 중인데, 돌다리는 매우 좁고 보살들이 각각 앉아 있어서 남녀가 길을 나눌 수 없을까 두려우니, 보살들은 잠시 고운 걸음을 옮겨서 특별히 돌아갈 길을 빌려주시기를 바랄 뿐입니다"라고 하였다.

팔선녀가 답하여 절하고 말하기를 "저희들은 바로 위부인衛夫人 랑랑娘娘의 시녀侍女입니다. 부인에게 명령을 받아 대사께 안부를 여쭙고, 돌아가는 길에 마침 잠시 여기에 머무르고 있습니다"라고 하였다.

---

*김춘택金春澤　1670~1717. 조선조 숙종肅宗 때의 문인文人. 자字는 백우伯雨, 호號는 북헌北軒. 김만중金萬重의 형모인 김만기金萬基의 손자. 「사씨남정기謝氏南征記」와 「구운몽九雲夢」의 한역자漢譯者이다. 국문國文 「구운몽九雲夢」은 김만중(1637~1692)이 지었다. 김만중은 숙종 때의 문신文臣이자 문학자文學者이다. 자字는 중숙重叔, 호號는 서포西浦. 김만기(김춘택의 할아버지)의 동생. 작품과 저술로는 「구운몽」, 「사씨남정기」, 「서포만필西浦漫筆」이 있다. 「구운몽」은 그의 나이 53세 때의 작품으로, 남해南海로 귀양 가서 어머니를 위로하기 위해 하룻밤에 썼다고 한다. 이 「한글 구운몽」을 한문으로 번역飜譯한 것이 김춘택의 「한역漢譯 구운몽」이다.

해석 연습

독맹상군전讀孟嘗君傳 ―왕안석王安石*

世皆稱孟嘗君이 能得士하여 士以故로 歸之하여 而卒賴其力하여 以脫於虎豹之
秦이라 한다.

嗟乎아. 孟嘗君은 特鷄鳴狗盜之雄耳라 豈足以言得士리오.

不然 擅齊之强하여 得一士焉이라도 宜可以南面而制秦이니 尚取鷄鳴狗吠之力哉
리오.

鷄鳴狗吠之出其門이라. 此士之所以不至也라.

語句

孟嘗君 중국 전국시대의 정치가로 식객食客을 많이
거느린 것으로 유명함. 이 글은 『사기史記』에 나오는
「맹상군전孟嘗君傳」을 읽고 비평을 가한 것이다.

虎豹之秦 진나라가 모질게 정치를 하여 호랑이와
표범에 비유한 것임

嗟乎 '슬프다'의 뜻. 감탄사

鷄鳴狗盜之雄 맹상군의 식객에는 닭소리를 잘 내
는 사람과 좀도둑들이 끼어 있었는데, 이들의 덕을
본 영웅이라는 뜻. '구도狗盜'가 아니라 '구폐狗吠'(개
짖는 소리로 표기된 판본版本도 있음

擅齊之强 제齊나라의 강함을 차지하여. 제나라는 강
한 나라였으므로 동맹을 맺어 힘을 빌린다는 뜻

南面 임금 노릇. 임금은 남쪽을 향하여 앉기 때문에
나온 말

語法

以脫於虎豹之秦 호랑이·표범 같은 진나라에서
벗어난다고 말하나. 여기서 以는 '말한다'의 동사
로 쓰였음

尚~哉 오히려 ~할 것인가?(반어형)

士之所以不至也 士가 이르지 않은 까닭이다. 之
는 주격조사. 所以는 '써 ~하는 바이다'가 '까닭'으
로 뜻이 바뀐 것

---

*왕안석王安石 1021~1081. 중국 송宋나라의 정치가·학자로 변법자강變法自强을 주장하다가 보수세력에게 밀려났다. 자는 개
보介甫, 호는 반산半山이며, 강서江西 임천臨川 출생이다. 신종神宗 때 재상이 되어 '신법新法'을 시행, 부국강병
富國强兵 정책을 썼으나 실패하여 은퇴하였다. 시문詩文에도 능하여 당송唐宋 8대가의 한 사람으로 꼽힌다. 저
서에 『주관신의周官新義』, 『임천집臨川集』 등이 있다.

字義 풀이

 편안할 안, 어찌 안, 어디에 안

① 安 '편안하다' (형용사)

　: 但得家中一片平安音 可也　다만 집안이 편안하다는 한 조각의 소식이면 되겠다.

② 安 '편안하게 하다' (동사)

　: 制之於外 以安其内　밖에서 제지하여 그 안을 편안하게 하다.

③ 安 '어찌'. 주로 반어문反語文에 쓰이는 의문부사

　: 燕雀安知鴻鵠之志哉　제비와 참새가 어찌 기러기나 따오기의 뜻을 알겠느냐.

④ 安 '어디에' (의문대명사)

　: 今蛇安在乎?　지금 뱀이 어디에 있는가?

⑤ 安能 '어찌 ~할 수 있으랴'

　: 安能以皓皓之白 而蒙世俗之塵埃乎　어찌 희고도 흰 깨끗함을 가지고 세속의 더러운 티끌을 뒤집어 쓸 수 있으랴.

　　*호호皓皓는 희고 깨끗함. 진애塵埃는 티끌

也 어조사 야

① 也 문장의 끝에서 단정斷定의 느낌을 주는 조사(종결사)로 쓰임

　: 孔子 聖人也　공자는 성인이다.

② 也 문장의 가운데에 쓰일 때에는 한 성분을 강조한다.

　: 道也者 不可須臾離也　도道라는 것은 잠깐이라도 떠날 수 없는 것이다.

　: 鳥之將死 其鳴也哀　새가 죽으려 할 때 우는 것이 슬프다.

③ 也 이름을 부를 때(호격 조사呼格助詞)

　: 由也 女聞六言矣乎?　유由야, 너는 육언六言을 들었느냐?

④ 也 의문이나 감탄을 나타내는 조사(종결사)로 쓰이는 경우도 있음

　　: 此誰也?　이는 누구인가?

　　: 甚矣, 吾衰也!　심하도다, 나의 쇠약함이여!

糟糠之妻 조강지처

빈곤貧困한 시절부터 어려움을 함께 한 아내. 본처本妻. '조강糟糠'이란 술지게미와 쌀겨를 뜻한다. 즉, 가난하고 어려운 시절에 거친 음식을 먹으며 고생을 같이 겪은 아내. 『후한서後漢書』에 나오는 "宋弘曰 貧賤之交不可忘, 糟糠之妻不下堂(송홍이 말하기를 가난할 때의 사귐은 잊을 수 없으며, 조강지처는 집에서 내보낼 수 없습니다)"에서 유래하였다.

연습 문제

1. 다음 낱말을 한자로 쓰시오.

   ① 독서   ② 난잡   ③ 황량   ④ 옥우

2. 다음 문장을 읽고 물음에 답하시오.

    吾女春娘이 若^⑤非李郎之故면 胡爲乎獄中[ⓒ]이리오?

1) ㉠의 뜻은?

   ① 같다   ② 너   ③ 젊다   ④ 만약

2) 밑줄 친 ㉡을 해석하시오.

3. 다음 문장에서 각각의 빈칸에 알맞은 한자를 보기에서 찾으시오.

    보기 : ㉠也   ㉡乎   ㉢何   ㉣我   ㉤是

    月梅曰 "客從□處來□아?" 客曰 "老嫗은 不知□乎아? 我□ 李道令□로라."

4. 다음 글의 뜻을 해석하시오.

   ① 誰依誰恃

   ② 救己之不暇 況爲人憂乎

   ③ 自天而降乎 從地而出乎

   ④ 搔白首向黃葉而獨坐

5. 다음 문장을 읽고 물음에 답하시오.

許生 直之雲從街 問市中人曰 漢陽中 誰最富 有道卞氏者 遂訪其家 許生 長揖⊙曰
吾家貧 欲有所小試 願從君借萬金ⓛ 卞氏曰 諾 立與萬金 客竟不謝而去.

1) 허생許生의 첫 대화 부분을 옮겨 적으시오.

2) 밑줄 친 ㉠은 무엇을 표현한 것인가?

3) 밑줄 친 ㉡을 현대국어로 옮기시오.

6. 다음에서 밑줄 친 '之'의 용법을 각각 설명하시오.
   ① 俯聽貧僧之言하라
   ② 若은 行之無忽하라

7. 다음 문장을 읽고 물음에 답하시오.

此時에 八仙女가 尚在⊙石橋之上이다가 正☐性眞으로 相ⓛ遇라.

1) ㉠을 우리말로 옮기시오.

2) ☐ 속에 적당한 한자를 써넣으시오.

3) 밑줄 친 ㉡의 품사는 무엇인가?

8. 다음 글에서 밑줄 친 부분을 우리말로 옮기시오.

性眞이 捨[⊙]其杖錫하고 上手[⊙]而禮曰 "僉女菩薩아, 俯[⊙]聽貧僧之言하라.

9. 다음 글에서의 '安' 자의 쓰임은 각각 다르다. 차이점을 설명하시오.
　　① 但得家中一片平安音 可也
　　② 制之於外 以安其內
　　③ 今蛇安在乎
　　④ 君安得高枕而臥乎

10. 다음 글을 읽고 물음에 답하시오.

月梅因與李郎 同至獄門 呼[⊙]春香謂曰 來矣來矣 香娘驚起　而[⊙]問 何人來乎 香母
曰 李道令來矣[⊙] 春香 愁中帶喜而語曰[⊙] 其夢耶 其眞耶 自天而降乎 從地而出乎.

1) 윗글 ⊙의 주어와 목적어를 쓰시오.

2) 윗글에서 제일 먼저 나오는 대화문을 쓰시오.

3) 윗글 ⓒ의 품사는?

4) 윗글 ⓒ에 알맞은 토_吐를 달아보시오.

5) 윗글 ⓔ을 우리말로 옮기시오.

6) 윗글에서 대조법을 쓰고 있는 문장들의 어미_{語尾}를 찾으시오.

4. 정음正音과 시가詩歌

❶ 훈민정음서訓民正音序*

國之語音이 異乎中國하여 與文字로 不相流通이라.

故로 愚民有所欲言하야도 而終不得伸其情者多矣라.

予爲此憫然하야 新制二十八字하니 欲使人人易習하여 便於日用耳니라.

語句

異乎中國	중국과 다르다. '乎' 는 '於' 와 같음. 비교 대상을 나타내는 전치사
與文字	문자와 더불어. '文字' 는 중국의 한자漢字를 뜻함
不相流通	서로 통하지 않는다. '流通' 은 물 흐르듯 자연스럽게 통하는 것
愚民	어리석은 백성, 곧 일반 평민을 부르는 말
有所欲言	말하고자 하는 바가 있다.
予爲此憫然	내가 이것을 민망히 여기다. 훈민정음서의 우리말 판을 보면 '爲'를 '위하여' 로 볼 수 있으나, 한문판으로는 해석상 '여기다' 로 보는 것

	이 자연스럽다.
新制二十八字	새로 스물여덟 자를 만들다.
人人	사람들. 명사를 두 번 반복하면 복수를 나타낸다.
易習	쉽게 익히다. '易'는 음이 '이'
便於日用	날마다 쓰는 데에 편하다.

語法

而終	~지만 마침내. '而'는 역접접속사
不得伸其情者	그 뜻(마음)을 펼 수 없는 사람. '得'은 옛날에는 '얻는다'는 뜻이 있었는데, 후대로 오면서 조동사 '~할 수 있다'(能, 可)의 의미로 사용됨

해석

나라 말소리가 중국과 달라서 한자와 더불어 서로 잘 통하지 못한다.

그러므로 어리석은 백성이 말하고자 하는 것이 있지만 마침내 그 뜻을 펼 수 없는 사람이 많은지라.

내 이를 안타깝게 여겨 새로 스물여덟 자를 만드노니 사람들로 하여금 쉽게 익혀 날마다 쓰는 데에 편하게 하고자 할 따름이다.

---

* **훈민정음** 訓民正音(백성을 가르치는 바른 소리) '훈민정음'은 두 가지의 뜻이 있다. 하나는 우리나라 글자의 이름이고, 또 하나는 우리 글자를 처음 만들어 그것을 설명한 책의 이름이다. 이 글은 『훈민정음』의 서문 중에서 세종대왕이 직접 말한 대목이다.

❷ 용비어천가 龍飛御天歌*

第一章

海東六龍이 飛하니 莫非天所扶요 古聖同符하니라.

第一一八章

維其多助至일새 野人도 亦入侍하나니 何論國人意리오.

君德이 如或失이면 親戚도 亦離絶하나니 此意願毋忘하소서.

第一二五章

千世默定漢水陽에 累仁開國하여 卜年無疆이로다.

子子孫孫聖神이 雖繼나 敬天勤民이라야 逎益永世하리이다.

嗚呼라 嗣王監此하소서 洛表遊畋에 皇祖其恃리이까.

語句

海東	우리나라를 뜻함. 원래는 바다 또는 '발해渤海의 동쪽' 이란 뜻
六龍	조선 왕조의 조상들과 세종世宗 이전의 왕들. 즉 '목조穆祖·익조翼祖·도조度祖·환조桓祖·태조太祖·태종太宗' 의 여섯 분. 용은 왕의 상징이다.
飛	날아오시다. 조상들을 '용' 이라고 했기 때문에 '날다' 로 썼다.
古聖同符	옛날 성인들의 일과 일치하다. '동부同符' 는 병부를 둘로 쪼개 합쳐 꼭 맞는지를 맞추어보는 것으로, 꼭 맞는 것을 뜻함
野人	야만인. 오랑캐. 만주지방에 살던 겨레붙이를 일컫기도 함
亦入侍	또한 들어와서 받들어 모시다. 여기서는 자진해서 와서 항복하고 조공을 바치는 것을 뜻함
何論國人意	나라 사람들 뜻을 어찌 다 말할 수 있겠는가?(야만인들도 와서 받드는데 백성들이야 물론 받들게 된다는 뜻)
親戚	살붙이. '親' 은 아버지 계통, '戚' 은 어머니 계통
亦離絶	또한 왕에게서 떠나고 관계를 끊다.

此意願毋忘	이 뜻(덕을 잃으면 친척도 떨어지는 짓)을 잊지 말기를 원하옵니다.
默定	묵묵히 정해진. 누가 시키거나 말하지 않아도 정해진
漢水陽	한강(漢江)의 북쪽. '陽'은 강의 북쪽을 뜻함. '한양(漢陽)'은 '한수(漢水)'의 북쪽이란 뜻임
累仁開國	어짐을 쌓아 나라를 열다.
卜年無疆	(하늘이 미리) 정하신 해가 끝이 없다.
聖神	거룩한 신인은 임금을 뜻함
敬天勤民	하늘을 공경하고 백성을 부지런히 돌봄. 어진 정치를 하는 것을 말함
廼益永世	이에 더욱 영원한 세대를 누리리라.
嗣王	대대로 이어지는 왕들
監此	이것을 살피다. 조상만 믿고 놀다가 쫓겨난 옛날의 일을 말함
洛表	낙수(洛水)(중국의 강 이름)의 남쪽. '表'는 바깥을 뜻하여 남쪽이 됨
遊畋	멀리 떠나 사냥하는 것. '낙표유전(洛表遊畋)'은 중국 하(夏)나라 첫 임금인 우왕(禹王)의 손자 태강(太康)이 왕위에 올라 사냥을 즐겨서, 멀리 낙수(洛水) 남쪽까지 사냥을 나가 어떤 때는 십순(十旬)씩이나 돌아오지 않고 놀았다. 이에 그 신하 유궁후예(有窮侯羿)가 그를 폐하여 쫓아내버렸다. 이처럼 아무리 조상이 훌륭해도 후대의 왕이 잘못하면 소용없다는 뜻
皇祖其恃	조상 왕이 그 믿음이겠습니까. 후대의 왕이 정치를 잘못하면 안 된다는 뜻

語法

莫非天所扶	하늘이 돕는 바가 아닌 것이 없다. '莫非'는 이중부정, 즉 긍정을 나타낸다.
維其多助至	그 많은 도움이 지극하다. '維'는 강조하는 뜻의 부사
如或失	만약 혹시라도(덕을) 잃게 되면. '如'는 '若'과 같은 가정부사

해석

[제1장]

우리나라에 여섯 용이 날아오셨으니, 하늘이 돕는 바가 아님이 없고 옛날 성인들의 일이 딱 들어맞느니라.

[제118장]

그 많은 도움이 지극하실새 오랑캐들도 또한 들어와 받드나니, 나라사람의 뜻을 어찌 다 말하리오? 임금의 덕을 혹 잃으시면 살붙이도 또한 떠나가고 끊어지니, 이 뜻을 잊지 마소서.

[제125장]

천 세대나 전에 말없이 정하신 한강 북쪽에 어진 일을 쌓아 나라를 여시니, 정해진 해가 끝이 없도다.

자자손손 성자聖子와 신손神孫이 비록 이어지더라도 하늘을 공경하고 백성을 부지런히 돌보셔야 이에 더욱 세대가 영원하리다.

아아, 후대 왕들은 이를 살피소서. 낙수洛水 남쪽으로 사냥 가서 있으면서 조상 왕들만 믿으시겠습니까?

---

* 「**용비어천가**龍飛御天歌」 1445년(세종世宗 27년)에 만든 조선왕조의 창업을 칭송한 노래로 이씨의 선조인 목조穆祖 이하 여섯 분의 일들이 중국 성인, 개국시조들의 일과 비슷함을 노래하여 왕조 창업의 정당성을 표현하고 있다. 세종의 명으로 정인지鄭麟趾가 지었는데, 한글로 기록된 가장 오래된 문헌이다.

---

❸ 단심가 丹心歌 ─ 정몽주鄭夢周*

此身死了死了 一百番更死了

白骨爲塵土 魂魄有也無

向主一片丹心 寧有改理也歟

語句

丹心 　붉은 마음, 곧 참마음. 성심

更 　'다시'의 뜻일 때에는 '갱'(갱생更生), '고치다'의 뜻일 때에는 '경'(갑오경장甲
　　午更張), 시각을 나타낼 적에는 '경'(삼경三更)이다.

白骨 　흰뼈, 죽은 몸

魂魄 　넋. 혼魂은 사람이 하늘로부터 받은 양적陽的인 것이고, 정신적인 활동을 하
　　는 것이며, 백魄은 땅으로부터 받은 음적陰的인 것이고, 육체肉體의 생명生命을
　　주관主管하는 것이다.

語法

了 　과거, 완료를 나타내는 데 쓰는 조사(종결사)

爲 　'~이 되다'는 뜻. A爲B는 'A가 B가 되다'이다.

寧~也歟 　'어찌 ~할 것인가'의 뜻으로 쓰인다. '寧'은 '어찌', '歟'는 의문이나 반어의
　　조사(종결사). '也歟'는 종결사의 중복

해석

이 몸이 죽고 죽어, 일백 번 고쳐 죽어

백골이 진토되어, 넋이라도 있고 없고

임 향한 일편단심이야 가실 줄이 있으랴.

---

*정몽주鄭夢周　1337~1392. 초명은 몽란夢蘭·몽룡夢龍. 자는 달가達可, 호는 포은圃隱. 오부학당과 향교를 세워 후진을 가르치
고, 유학을 진흥하여 성리학의 기초를 닦았다. 고려에 충성을 바치다가 이방원李芳遠(뒤에 태종太宗)에게 피살
되었다. 충신으로 이름이 높다. 위 한시는 본래 우리말로 된 시조를 한시로 번역한 것이다. 문집에 『포은집圃
隱集』이 있다.

합이빈가哈爾濱歌 — 안중근安重根

丈夫處世兮여, 蓄志當奇로다. 時造英雄兮여, 英雄造時로다.

北風其冷兮여, 我血則熱이로다. 慷慨一去兮여, 必屠鼠賊하리라.

凡我同胞兮여, 毋忘功業이어다. 萬歲萬歲兮여, 大韓獨立을.

語句

哈爾濱 만주에 있는 도시 이름. '하르빈'의 음音을 중국어 발음으로 가차假借해서 쓴 것

蓄志 뜻을 쌓음

當奇 마땅히 뛰어나야 한다.

慷慨 의분이 복받쳐 슬퍼하고 한탄함

鼠賊 쥐새끼 같은 도적. 군국주의 일본을 가리킴

語法

兮 리듬감을 맞추기 위한 조사. 특히 시에서 말의 기세를 잠깐 멈췄다가 다시 기세를 끌어올릴 때 쓰는 조사

毋忘 '잊지 말라'는 뜻. '毋'는 '~하지 말라'는 금지사禁止詞

황조가黃鳥歌

翩翩黃鳥 雌雄相依

念我之獨 誰其與歸

語句

黃鳥 꾀꼬리

翩翩 훨훨 나는 모양

相依 서로 의지한다. 서로 다정하다는 뜻

念我之獨 직역하면 '나의(我之) 외로움(獨)을 생각(念)함'이며, 곧 술어+수식어+목적어. '念'은 동사, '我之獨'은 '나의 외로움'

語法

誰其與歸 '其'는 특별한 의미가 없는 조자助字이다. '誰與歸'를 사자四字의 구句로 하면서 '誰'를 강조하느라 앞으로 끌어내면서 들어간 무의미한 글자이다.

字義 풀이

耶 그런가 야

① 耶 의문, 반어를 나타내는 조사 (의문종결사)

: 將軍怯耶? 장군은 겁나는가?

② A耶, B耶? 'A인가 B인가?' 조사 (선택 의문을 나타내는 의문종결사)

: 汝其知也耶 其不知也耶? 너는 그것을 아는가, 그것을 모르는가?

若 너 약, 같은 약, 만일 약

① 若 '너', 2인칭 대명사

: 若行之無忽 너희는 그것을 행하여 소홀함이 없게 하라.

② 若 '같다', '같이' (직유 표현)

: 子之廢學 若吾斷斯織也 네가 공부를 그만두는 것은 내가 이 베를 끊어버리는
것과 같다.

③ 若 '만약'

: 學若無成 不復還 학문이 만약 이루어지지 않으면 다시 돌아가지 않겠다.

④ 若 ~ 則 ~ '만약 ~한다면'

: 若不修德 則一世而亡 만일 덕을 닦지 않으면 한 세대에서 망할 것이다.

於 어조사 어, 탄식하는 소리 오

① 於 '~에', '~으로'. 장소場所를 나타냄

: 忠言逆於耳 충성스러운 말은 귀에 거슬린다.

② 於 '~에게'. 동작의 대상을 나타낸다.

: 己所不欲 勿施於人 자기가 싫어하는 바를 남에게 베풀지 마라.

③ 於 '~보다', '~에 비해서'. 비교의 대상을 나타낸다.

: 靑出於藍 而靑於藍 푸른색은 쪽빛에서 나왔으나, 쪽빛보다 푸르다.

④ 於 '~에 의해서', '~에게'. 수동受動의 뜻

: 萬乘之國 被圍於趙 만승의 나라가 조나라에게 포위되었다.

⑤ 於(오) 감탄의 뜻

: 於乎(오호) 감탄하는 소리

朝三暮四 조삼모사

아침에 세 개, 저녁에 네 개. 즉, 말재간으로 남을 속이는 경우나 그런 말재간에 속아 넘어간 경우. 『열자列子』에 보면 "송宋나라에 저공狙公이란 사람이 있었는데, 원숭이를 사랑하여 길러 무리를 이루었다. 그리고 원숭이의 뜻을 이해할 수 있었으며, 원숭이도 또한 공公의 마음을 알았다. 장차 그 먹이를 제한하려 할 때, 먼저 속여 말하기를 '너희들에게 도토리를 주는데, 아침에 세 개 주고 저녁에 네 개를 주면 만족하겠느냐' 하니, 모든 원숭이들이 일어나 화를 냈다. 조금 있다가 말하기를 '너희들에게 도토리를 주는데, 아침에 네 개 주고 저녁에 세 개 주면 만족하겠느냐' 하니, 모든 원숭이들이 기뻐했다"라고 하였다.

연습 문제

1. 다음 한자 가운데 전치사로 쓸 수 없는 것은?

　　① 其　　　　② 乎　　　　③ 于　　　　④ 於

2. 다음 한자 숙어들 중에서 내부 문법 구조가 같은 것을 찾아 둘씩 짝지으시오.

　　① 才子佳人　　② 男女老少　　③ 神出鬼沒

　　④ 明鏡止水　　⑤ 適者生存　　⑥ 衆人環視

　　⑦ 苦盡甘來　　⑧ 吉凶禍福　　⑨ 朝變夕改

3. 다음 문장을 읽고 물음에 답하시오.

　　國之㉠語音 異乎中國, 與㉡文字 不相流通.

1) ㉠의 '之'와 같은 뜻으로 쓰인 것은?

　　① 先生將何之　　　　　② 孝者 德之本也

　　③ 十人守之 不得察一賊　　④ 奈何言之

2) ㉡의 '與와 같은 뜻으로 쓰인 것은?

　　① 其心 與人同也　　　　② 禮 與其奢也, 寧儉

　　③ 授與　　　　　　　　④ 參與

4. 다음 문장을 해석하시오.

　　① 終不得伸其情者 多矣

　　② 愚民 有所欲言

5. '仰事父母' 의 '事' 와 같은 의미로 쓰이는 한자어를 들어보시오.

6. 다음에서 밑줄 친 한자의 품사를 쓰시오.

　　予ⓐ爲此ⓑ憫然하야 新ⓒ制二十八字하니 欲使人人易ⓓ習하여 便於ⓔ日用耳ⓕ니라

7. 다음에 해당하는 것을 보기에서 고르시오.

　　보기: ㉠ 君德如或失 親戚亦離絶　㉡ 何論國人意

　　　　 ㉢ 野人亦入侍　　　　　　 ㉣ 海東六龍飛 莫非天所扶

　　① 반어문反語文　　　② 부정문否定文
　　③ 평서문平敍文　　　④ 가정문假定文

8. 다음 문장을 읽고 물음에 답하시오.

　　子子孫孫聖神이 雖ⓐ繼나 敬天勤民ⓑ이라야 廼益永世하리이다.
　　嗚呼라 嗣王ⓒ監此ⓓ하소서.

1) ㉠, ㉣의 품사와 그 뜻은?

2) ㉡, ㉢의 뜻을 풀이하시오.

9. 다음 문장을 해석하시오.

　　① 忠言逆於耳

　　② 靑出於藍 而靑於藍

　　③ 萬乘之國 被圍於趙

10. 다음 문장을 읽고 물음에 답하시오.

　　此身死了死了 一百番更死了

　　白骨爲塵土 魂魄有也無

　　向主一片丹心 寧有改理也歟

1) '白骨爲塵土' 에서 '爲' 는 '~이 되다' 의 뜻으로 풀이된다. 다음에서 이와 같이 쓰인
　 예를 찾으시오.

　　① 士는 爲知己者死니라

　　② 人生斯世에 非學問이면 無以爲人이니라

　　③ 人爲萬物之靈長也라

　　④ 勤爲無價之寶니라

2) '向主一片丹心' 에서 해석 순서를 쓰시오.

　　向　主　一　片　丹　心
　　①　②　③　④　⑤　⑥

5. 야담野談·기화奇話

❶ 차계기환借鷄騎還 ─서거정徐居正*

金先生은 善談笑하다.

嘗訪友人家러니 主人이 設酌하되 只佐蔬菜하고 先謝曰 "家貧市遠하여 絶無兼味하고 惟淡泊하니 甚愧耳라."

適有群鷄가 亂啄庭이어늘 金曰 "大丈夫는 不惜千金이니 當斬吾馬하여 佐酒하리라"하니 主人曰 "斬馬하면 騎何物而還고"한대 金曰 "借鷄騎還하리라"하니 主人이 大笑하고 殺鷄餉之하더라.

─「골계전滑稽傳*」

語句

善談笑	담소를 잘하다. 여기에서는 '우스갯소리를 잘한다' 로 풀이할 수 있다. '善'은 바로 뒤에 동사가 오면 '~하기를 잘하다' 의 뜻으로도 쓰인다.
佐	'돕는다' 는 뜻으로 주된 음식이 아닌 것을 말함

兼味	맛있는 음식. '兼'은 겸한 만큼, 즉 두 배로 정도가 더하다는 의미를 나타냄
淡泊	밋밋하고 자극적이지 않은 것. 보잘것없는 음식. 여기서는 채소를 의미
適	'마침' 이라는 뜻의 부사
佐酒	안주. 술을 돕는 것

語法

| 惟~耳 | 오직 ~뿐이다. 한정형 문장을 만드는 관용구 |
| 騎何物而還 | 而는 '~하고서' 로 해석되며, 순접順接을 나타내는 접속사 |

해석

김 선생은 우스갯소리를 잘하였다.

일찍이 벗의 집에 들렀더니 주인이 술상을 차렸는데, 다만 채소를 내고서 먼저 사과하여 말하기를, "집은 가난하고 저자는 멀어서 맛있는 음식은 전혀 없고 담박할 뿐이어서 매우 부끄러울 뿐이네."

마침 여러 마리의 닭이 있어 어지러이 마당을 쪼고 있거늘 김 선생이 말하기를, "대장부는 천금千金을 아끼지 않으니 마땅히 내 말을 잡아 안주를 하겠네."

주인이 말하길, "말을 잡으면 무엇을 타고서 돌아가려나?"

김 선생이 말하길, "닭을 빌려 타고 가지" 하니 주인이 크게 웃고 닭을 잡아서 그를 대접하였다.

---

*서거정徐居正 1420~1488. 조선조 전기의 문신이며 학자로, 호는 사가정四佳亭이다. 조선조 최초로 양관대제학兩館大提學이 되었고, 육조판서六曹判書를 두루 지내고 좌찬성左贊成에까지 이르렀다. 세조世祖 때 『경국대전經國大典』, 『동국통감東國通鑑』의 편찬에 참여했으며, 성종成宗 때 『동국여지승람東國輿地勝覽』의 편찬과 『향약집성방鄕藥集成方』을 번역했다. 문장과 글씨는 물론 성리학性理學, 천문天文, 지리地理 등에 이르기까지 정통했으며, 우리나라의 시문詩文과 시화詩話를 뽑아 모은 『동문선東文選』과 『동인시화東人詩話』를 남겼다. 그의 시문집詩文集『사가정집四佳亭集』과 『골계전滑稽傳』 등이 전해진다.

*『골계전』滑稽傳 설화집說話集으로 1447년(성종成宗 8년)에 서거정徐居正이 지었다. 원제목은 '태평한화골계전太平閒話滑稽傳' 이다. 내용은 고려 말과 조선 초에 걸쳐 관리·문인들 사이에 떠돌던 기사奇事와 재담才談 등이다. 앞에는 양성지梁誠之와 강희맹姜希孟의 서문序文이 실려 있다. 이 글은 그중의 하나이다.

❷ 불언인지장단不言人之長短 **—이수광** 李睟光*

昔者에 黃相國喜가 微時에 行野다가 憩于路上할새 見田夫駕二牛耕者하고 問曰
"二牛何者爲勝고"하니

田夫不對하고, 輟耕而至하여 附耳細語曰 "此牛勝이라"하다.

公이 怪之曰 "何以附耳相語오"하니,

田夫曰 "雖畜物이라도 其心은 與人同也라. 此勝則彼劣이니, 使牛聞之면 寧無不平
之心乎아"한대,

公이 大悟하여 不復言人之長短云하니라.

— 『지봉유설芝峯類說』*

語句

黃相國喜	정승 황희黃喜를 말함. 희喜는 이름이고, 상국相國은 정승. 조선조 초기의 명재상名宰相. 이름 앞에 상국相國이 들어간 것은 높이는 뜻이 있다.
微時	미천할 때, 아직 벼슬하기 전
田夫	농부
附耳細語	귀에 대고 작은 목소리로 말함
勝	낫다, 훌륭하다.
相語 말하다	'相'은 상대가 있다는 뜻을 암시하는 글자로, '서로'라는 뜻이 아니다.
寧	어찌

語法

憩于路上	길에서 쉬다. '于'는 전치사로 '~에', '~에서'의 뜻
此勝則彼劣	이편이 낫다면 저편은 못하다. '則'은 접속사로 '~면'의 뜻으로 쓰여 가정을 나타낸다.
使牛聞之	소로 하여금 듣게 한다면, '使'는 사역使役을 나타내는 것으로 사역형의

문장이다.

云   '~라고 한다.' 직접 목격하지 않은 일이나 단정을 하지 않을 때 쓴다.

해석

옛날 황희黃喜 정승이 미천할 때, 들을 가다가 길가에서 쉬는데, 농부가 두 마리의 소에 멍에를 메우고 밭갈이하는 것을 보고 물어 말하기를 "두 마리 소 중에 어떤 놈이 낫습니까?" 라고 하니,

농부는 대답하지 않고 밭갈이를 멈추고 와서 귀에 대고 작은 소리로 말하기를 "이 소가 낫습니다" 라고 하였다.

공이 이상하게 여겨서 말하기를 "어찌하여 귀에 대고 말하십니까?" 하니,

농부가 말하기를, "비록 기르는 짐승이라도 그 마음은 사람과 같습니다. 이것이 낫다면 저것은 못한 것이니, 소로 하여금 그것을 듣게 한다면 어찌 불평하는 마음이 없겠습니까?" 하였다.

공이 크게 깨달아서 다시는 남의 장단점을 말하지 않았다고 한다.

---

*이수광李睟光   1563~1628. 조선조의 문신, 학자. 자字는 윤경潤卿, 호號는 지봉芝峯. 저서로는 『지봉유설芝峯類說』, 『찬록 군서纂錄群書』, 『시문집詩文集』, 『채신잡록採薪雜錄』, 『병촉잡기秉燭雜記』 등이 있으며, 벼슬은 이조판서吏 曹判書를 지냈다.

*『지봉유설芝峯類說』   이수광李睟光의 저서著書로, 광해군光海君 때 지어 인조仁祖 때 간행刊行한 책이다. 고서古書에서 기사奇事, 일문逸聞을 뽑아 엮었다.

❸ 형제투금 兄弟投金

高麗恭愍王時에 有民兄弟 偕行이다가 弟得黃金二錠하여 以其一로 與兄이러니

至孔巖津하여 同舟而濟다가 弟忽投金於水어늘 兄이 怪而問之한데

答曰, "吾平日에 愛兄甚篤이러니 今而分金에 忽生忌兄之心이라. 此乃不祥之物也

니 不若投諸江而忘之니이다"하다.

兄曰, "汝言誠是라"하고 亦投金於水하니라.

時同舟者가 皆愚民이라 故로 無問其姓名邑里云이러라.

— 『신증동국여지승람 新增東國輿地勝覽』*

語句

恭愍王	고려 31대 왕으로, 1352~1374년간 재위하였다.
偕行	함께 길을 가다.
弟得黃金二錠	아우가 황금 두 덩이를 얻었다. '주웠다'의 뜻
以其一	그 하나로써, 그 하나를
至孔巖津	공암 나루에 이르러. '공암'은 현재 서울 강서구에 있는 바위로 그 곳에 강을 건너는 나루가 있었다.
同舟而濟	함께 배를 타고 강을 건너다.
弟忽投金於水	아우가 갑자기 물에다 금을 던졌다.
怪而問之	괴이하게 여겨 그것(그 까닭)을 물었다.
忽生忌兄之心	문득 형님을 꺼리는 마음이 싹트다. '忌'는 '꺼리다'의 뜻

語法

有民兄弟	어떤 평민 형제. '有'는 막연한 어떤 것을 가리킴. '民'은 백성이지만 '官'에 대한 말이므로 '평민'이라는 뜻
與兄	형에게 주었다. '與'는 동사로 '주다'의 뜻

今而分金	지금 금을 나누다. '而'는 시간을 나타내는 접미사
此乃不祥之物也	이것은 상서롭지 못한 물건이다. '乃'는 '是'와 같이 '~이다'로 해석된다.
不若	~하는 것만 같이 못하다, ~하는 것이 낫다.
投諸江而忘之	강에 그것을 던져서 그것을 잊다. 이 경우 '諸(제)'는 '之+於'가 축약된 글자로, '동사+之+於+대상'의 형태로 쓰여서 〈대상〉에 그것을 〈동사〉하다'의 형태로 쓰인다.
汝言誠是	너의 말이 진실로 옳다. '誠'이 부사가 되면 '진실로'의 뜻. '是'가 서술어가 되면 '옳다'라는 형용사가 됨

해석

고려 공민왕 때 어떤 평민 형제가 함께 길을 가다가 아우가 황금 두 덩어리를 얻어 그 하나를 형에게 주었더니

공암진에 이르러 함께 배를 타고 건너다가 아우가 갑자기 금을 물에 던지거늘 형이 이상하게 여겨 물으니

대답하여 말하기를, "내가 평소 형님 사랑하는 것이 매우 두터웠는데 지금 금을 나누니 문득 형님을 꺼리는 마음이 생겼습니다. 이것은 상서롭지 못한 물건이니, 강에 그것을 던져서 잊어버리는 것만 같이 못합니다"라고 했다.

형이 말하기를 "너의 말이 진실로 옳다" 하고, 또한 물에 금을 던졌다.

그때에 배에 함께 타고 있던 사람들이 모두 어리석은 백성이라. 그래서 그 이름과 동네를 묻지 않았다고 하더라.

---

*『신증동국여지승람新增東國輿地勝覽』 1481년(성종成宗 12년) 노사신盧思愼 등이 성종의 명으로 『여지승람輿地勝覽』을 완성하였고, 1486년(성종 17년) 다시 정정하였다가 1530년(중종中宗 25) 이행李荇 등이 이를 증보한 것이다. 내용은 각 도의 연혁沿革·풍속風俗·토산土産 및 그곳에 관련된 얘기들을 담았다.

僧惟政의 號는 松雲이라. 壬辰變後에 爲義僧將하여 陣于嶺南이러니 彼將淸正이 要與相見이라.

松雲이 入倭營하니 賊衆이 列立數里하여 槍劍이 如束이나 松雲이 無怖色하고 見淸正하여 從容談笑러라.

淸正이 謂松雲曰 "貴國에 有寶乎아." 松雲이 答曰 "我國엔 無他寶요 唯以汝頭로 爲寶라" 하니

淸正曰 "何謂也오." 答曰 "我國이 購汝頭로 金千斤과 邑萬戸하니 非寶而何오." 淸正이 大笑러라.

語句

壬辰變 임진왜란(1592)을 가리킴

義僧將 승군僧軍으로 조직된 의병義兵의 장수

淸正 기요마사. 일본 장수의 이름. 성은 가토(加藤)

松雲 유정惟政의 별호. '송운대사松雲大師'라고 높여 부름

語法

陣于嶺南 영남에 진을 치다. 陣은 명사가 동사로 전성되었음

要與相見 서로 만나기를 요구하다. 與는 '더불어'의 뜻

以汝頭爲寶 너의 머리로써 보배를 삼는다. '以A爲B'의 관용구로 'A로써 B를 삼다'로 해석된다.

購~邑萬戸 購는 타동사로 목적어 '汝頭', 보어 '金千斤', '邑萬戸'까지 걸린다.

어찌 언, 어조사 언, 이 언

① 焉 '어찌'. 주로 반어문反語文에 쓰이는 의문사

    : 割鷄焉用牛刀 닭 잡는 데 어찌 소 잡는 칼을 쓰랴.

② 焉 말이나 문장의 끝을 나타내는 조사(종결사)

    : 附耳之言 勿聽焉 귀에 대고 소곤대는 말을 듣지 말라.

③ 焉 '여기에'(= 於是), '이것에'(= 於之)를 나타내는 합음사合音詞

    : 晋國 天下莫强焉(莫强於晋) 진晋나라, 천하天下에 이보다 더 강한 나라가 없다.

 같을 여, 만일 여

① 如 '같다', '같이', '처럼'

    : 聞人之過失 如聞父母之名 남의 잘못을 들으면 부모의 이름을 듣는 것같이 하라.

② 如 '만약'

    : 如詩不成 罰依金谷酒數 만약 시詩를 짓지 못한다면 금곡원金谷園의 벌주罰酒로써 벌한다.

③ 如何 '어떠한가?'

    : 汝學所至如何? 너의 학문이 어느 정도에 이르렀는가?

與 더불어 여, 줄 여, 좇을 여, 보다는 여, 그럴까 여

① 與 '~와', '~와 더불어'(전치사)

    : 其心 與人同也 그 마음은 사람과 같다.

② 與 '주다'(동사)

    : 玉斗一雙 欲與亞父 옥으로 만든 국자 한 쌍을 아부亞父에게 주고자 한다.

③ 與 '찬성하다', '참여하다'(동사)

: 吾與點也 나는 증점曾點에게 찬성하겠다.

④ 與 의문이나 반어의 뜻을 나타내는 조사(종결사)

: 可不愼與 삼가지 않을 수 있겠는가.

⑤ 與其A寧B, 與其A 不如B A보다는 B하는 것이 더 낫다.(우열비교)

: 禮與其奢也 寧儉 禮는 사치라기보다는 차라리 검소한 것이다.

助長 조장

너무 빨리 하려다 오히려 일을 그르치는 것을 말한다. 『맹자孟子』에 "송宋나라의 어떤 사람이 곡식의 싹이 자라지 않음을 민망히 여겨 싹을 조금 뽑아놓고는 바쁘게 돌아와서 집에 있는 사람들에게 말하기를, '오늘은 피곤하구나. 내가 싹이 자라는 것을 도와주었다'라고 하기에, 아들이 가서 보니 싹이 말라 있었다"라는 고사故事에서 온 말이다.

연습 문제

1. 다음에서 밑줄 친 한자의 품사를 쓰시오.

　① <u>嘗</u>訪友人家

　② 國之語音 <u>異</u>乎中國

　③ 丈夫處世<u>兮</u> 其志大矣

　④ 主人設酌 只<u>佐</u>蔬菜

2. 다음 낱말을 한자로 쓰시오.

　① 담소　　　　② 규모　　　　③ 미천　　　　④ 정승

3. 다음 문장을 읽고 물음에 답하시오.

　<u>大丈夫</u>는 <u>不惜千金</u>^⑤이니 當斬吾馬하여 <u>佐酒</u>[ⓒ]하리라.

1) 밑줄 친 ㉠의 문장성분을 표시하시오.

2) ㉡의 뜻은?

4. 다음 문장의 빈칸에 알맞은 한자를 쓰시오.

　① 斬馬하면 騎□物□還고?

　② 家貧市□하여 絶□兼味하고 惟淡泊하니 甚愧耳라

5. '寧無不平之心乎' 에서 '寧' 은 다음의 어느 뜻을 나타내는가?

　① 차라리　　② 어찌　　③ 편안하다　　④ 오히려

6. 다음 글 가운데에서 각각 틀리게 쓴 글자 하나씩을 찾아서 고쳐 쓰시오.

　① 雖蓄物이라도 其心은 與人同也라

　② 禮 與其奢也보다는, 寧檢이니라

7. '公怪之曰何以附耳相語'에서 동사를 있는 대로 찾아 쓰시오.

8. 다음 문장을 읽고 물음에 답하시오.

　吾平日에 愛兄甚篤[○]이러니 今而分金에 忽生忌兄之心[○]이라. 此乃不祥之物也니
　不若[○]投諸[○]江而忘之니이다.

1) ㉠, ㉡을 해석하시오.

2) 밑줄 친 ㉢과 같은 뜻으로 쓰인 것을 찾으시오.

　① 衣百結하니 若懸鶉이라

　② 今我若入彼하여 見害면 則公其無心乎아

　③ 若不修德이면 則一世而亡하리라

　④ 若有作姦犯科 論其罪

3) 밑줄 친 ㉣을 다른 말로 바꾼다면?

　① 於是　② 是以　③ 之矣　④ 之於

9. '汝言誠是'에서 '是'의 품사와 뜻은?

10. 다음 문장을 읽고 물음에 답하시오.

昔者에 黃相國喜가 微時^⑤에 行野다가 憩于路上할새 見田夫駕二牛耕者[ⓒ]하고 問 曰 "二牛何者爲勝[ⓒ]고" 하니 田夫不對하고, 輟耕而至하여 附耳細語曰 "此牛勝이 라" 하다.

1) 이 글은 □□와 □□의 대화(對話)를 나타낸다. 빈칸을 채우시오.

2) 이 글에서 벼슬의 종류를 나타내는 부분이 있다. 해당되는 것을 찾아 쓰시오.

3) ㉠, ㉡, ㉢의 뜻을 쓰시오.

6장

실제實際

고전 읽기 (2)

1. 한시漢詩 : 오언절구五言絶句

❶ 춘효春曉 — **맹호연**孟浩然*

> 春眠不覺曉 處處聞啼鳥
>
> 夜來風雨聲 花落知多少

語句

處處 곳곳

啼鳥 새의 울음. 직역하면 우는 새소리

夜來 '來'는 뜻이 없는 접미사이다. '夜來'는 '밤에'라는 뜻

多少 얼마나

---

*형식은 오언절구五言絶句이다. (오언五言은 다섯 자가 1행行임을 뜻하고, 절구絶句는 4행으로 이루어진 것이다.)

*압운자는 둘째, 넷째 행의 끝자 '鳥', '少'이다.

해석

〈봄날의 새벽〉

봄잠에 새벽을 깨닫지 못했는데

곳곳에서 새 지저귀는 소리 들리네.

간밤에 비바람 소리

꽃은 얼마나 졌을까.

감상과 비평

나른한 봄날의 이부자리 속에서 잠을 깨보니 날이 이미 훤하게 밝고 비가 그쳤는지 새들이 지저귀고 있다. 어젯밤에 그렇게도 짓궂게 굴던 비바람 소리에 꽃이 지고 봄도 따라서 지나가버린다. 세월의 덧없음을 느낀 작자의 심정을 읽을 수 있다.

---

*맹호연孟浩然 689~740. 중국 성당盛唐 때의 시인. 이름은 호浩, 호연浩然은 그의 자字. 벼슬에 나아가지 않고 평생 시詩와 더불어 지냈다. 특히 오언시五言詩에 뛰어났고, 자연의 아름다움을 노래한 점에서 왕유王維와 비견되는 자연파 시인이다. 저서에 『맹호연집孟浩然集』이 있다.

❷ 추야우중음 秋夜雨中吟 ― 최치원崔致遠*

秋風惟苦吟 世路少知音

窓外三更雨 燈前萬里心

語句

苦吟	애써 (시를) 읊다.
世路	세상길, 즉 세상살이
少	적다. 없다는 뜻에 가깝다.
知音	자기의 속마음을 알아주는 사람. 백아伯牙가 연주하는 음악을 종자기鍾子期가 잘 알았다는 고사에서 유래한 말이다. '世路少知音'은 세상에 자기를 이해해

줄 사람이 없어 고독하다는 뜻이다.

三更雨 깊은 밤에 내리는 비. 삼경三更은 밤 11시에서 1시 사이, 즉 깊은 밤을 뜻한다.

萬里心 아득하게 먼 고향으로 향하는 마음. 만 리는 심리적 거리를 표현한 것

---

*형식은 오언절구로 운자는 '吟', '音', '心'이다.
*압운자는 「春曉」와는 달리 변격變格으로 1, 2, 4구의 끝에 배치했다.

해석

〈가을밤 빗속에 읊다〉

가을바람에 애써 읊지만

세상에 알아주는 이 없네.

창밖엔 깊은 밤 내리는 비

등불 앞엔 만 리까지 이르는 마음.

감상과 비평

비 오는 가을밤에 멀리 고향으로 치닫는 마음을 잘 그리고 있다. 외로움과 애수가 애틋하게 전체의 분위기 속에 깔려 있다.

***최치원**崔致遠 857~?. 신라 말기의 학자·정치가로 당나라에 들어가 벼슬살이를 하여 이름을 떨치고 귀국하여 가야산에 머물다가 행방이 묘연해졌다. 세상 사람들은 신선이 되었다고 한다. 이 시는 중국에 있을 때 고국을 생각하며 지은 것으로 알려져 있다.

③ 금강산_{金剛山} ― 송시열_{宋時烈}*

山與雲俱白 雲山不辨容

雲歸山獨立 一萬二千峰

語句

俱　　모두(부사)

不辨容　모습을 구분할 수 없다.

獨　　홀로 또는 우뚝. '~만 어떠하다'로 해석하는 것이 자연스러울 때가 있다.

*형식은 오언절구이고, 압운자는 '容', '峰'이다.

해석

〈금강산〉

산과 구름이 모두 희니

구름인지 산인지 구별 못하겠네.

구름은 돌아가고 산만 서 있네.

일만 이천 봉.

감상과 비평

금강산의 기이한 경치를 가볍게 표현했다. 안개와 구름으로 덮였을 때에는 온통 하얗게
보이다가 구름 걷히고 나니 산뜻한 산봉우리, 이게 일만 이천 봉우리의 금강산이라는
표현이다.

*송시열_{宋時烈}　1607~1689. 조선조 효종_{孝宗}·숙종_{肅宗} 때의 정치가. 호는 우암_{尤庵}. 노론의 거두로 세자 책봉의 일로 왕
　　의 노여움을 사서 죽임을 당했다.

해석 연습

사시四時 ─ 고개지顧愷之

春水滿四澤 夏雲多奇峰

秋月揚明暉 冬嶺秀孤松

語句

四澤 사방의 연못

奇峰 기이한 봉우리

揚明暉 밝은 빛을 떨치다.

語法

冬嶺秀孤松 겨울 산마루는 외로운 소나무만 빼어났네.

*형식은 오언절구이며, 압운자는 '峰', '松'

여등旅燈 ─ 신흠申欽

旅館殘燈夜 孤城細雨秋

思君意不盡 千里大江流

語句

殘燈 늦은 밤까지 남아 있는 희미한 등불

孤城 외따로 떨어져 있는 성

細雨 가랑비, 또는 이슬비

語法

恩君意不盡 임을 생각하는 마음 다함이 없어

*형식은 오언절구이며, 압운자는 '秋', '流' 이다.

어조사 우

① 于 '~에', '~으로'

: 吾十有五而志于學 나는 열다섯 살에 학문에 뜻을 두었다.

② 于 '~까지'

: 三歲之習至于八十 세 살 때의 버릇이 여든까지 간다.

③ 于 '~보다', 비교의 뜻

: 天下莫柔弱于水 천하에 물보다도 더 유약柔弱한 것은 없다.

 할 위, 만들 위, 다스릴 위, 삼을 위, 행위 위, 될 위, 위할 위

① 爲 '하다'

: 得一時之榮 吾不爲也 한때의 영화를 누리는 것은 나는 하지 않겠다.

② 爲 '만들다'

: 爲蛇足者 終亡其酒 뱀의 발을 만들던 사람은 마침내 그 술을 잃고 말았다.

③ 爲 '다스리다'

: 何以爲民? 어떻게 백성을 다스릴 것인가?

④ 爲 '~으로 삼다'

: 必以是爲主焉 반드시 이것으로써 주장을 삼다.

⑤ 爲 '행위'

: 有爲之才 큰 일을 할 수 있는 재능

⑥ 爲 '되다'

: 小人有勇而無禮爲盜 소인이 용맹만 있고 예의가 없으면 도둑이 된다.

⑦ 爲 '위하여'

: 爲人謀而不忠乎? 남을 위하여 일함에 불충不忠하지는 않았는가?

⑧ 爲 '~은 ~이다'. 영어의 be동사와 같은 구실

: 勤爲無價之寶 근면함은 값으로 따질 수 없는 보배이다.

左袒 좌단

『사기史記』에 나온 일화로, 한漢나라 주발周勃이 여씨呂氏의 횡포를 막기 위하여 부하들을 불러 모아서, 여씨를 편들 사람은 '우단右袒'하고, 한왕漢王 류씨劉氏를 편들 사람은 '좌단' 하라고 했더니 모두 '좌단' 했다는 데서 비롯된 것으로, 다른 사람에게 동의함을 나타내는 말. 옛날에 찬성·반대를 구별하기 위하여 옷의 왼쪽 어깨를 벗게 하였던 것으로, 지금의 기립起立 또는 거수擧手와 비슷한 방법이다.

1. 다음 한시를 읽고 물음에 답하시오.

　　春眠不覺曉 <u>處處聞啼鳥</u>
　　夜來風雨聲 花落知多少

1) 이 시의 형식은?
　　① 五言絕句　　② 五言律詩　　③ 五言古詩　　④ 七言律詩

2) 밑줄 친 부분을 직역_{直譯}하시오.

2. 다음에서 밑줄 친 '爲'는 뜻이 각기 다르다. 각각의 뜻을 설명하시오.
　　① 得一時之榮 吾不<u>爲</u>也　　② 必以是<u>爲</u>主焉
　　③ 小人 有勇而無禮 <u>爲</u>盜　　④ <u>爲</u>人謀而不忠乎

3. 빈칸에 적당한 글자를 〈보기〉에서 고르시오.

　　보기 : ㉠ 如　㉡ 豈　㉢ 爲　㉣ 而　㉤ 於　㉥ 岁

　　① 吾ㅣ有五□志丁學
　　② 勤□無價之寶
　　③ 此勝則彼□
　　④ 聞人之過失 □聞父母之名

4. 다음 한시를 읽고 물음에 답하시오.

秋風惟苦吟[⊙] 世路[ⓒ]少知音[ⓒ]

窓外三更雨 燈前萬里心

1) 이 글의 주제가 포함되어 있는 구_句는?

2) ㉠, ㉡의 뜻을 쓰시오.

3) ㉢과 관계없는 것은?

　　① 鍾子期　　　② 伯牙　　　③ 百結先生　　　④ 知己

5. 다음에서 밑줄 친 '是'는 뜻이 각기 다르다. 각각의 뜻을 설명하시오.

　　① 我是李道令也　　　　② 是非曲直

　　③ 是正　　　　　　　　④ 是日

6. 다음 낱말을 한자로 쓰시오.

　　① 참조　　　② 원고　　　③ 출판　　　④ 간행

7. '雲歸山獨立'의 뜻을 직역하시오.

8. 다음 문장을 해석하시오.

　　① 三歲之習 至于八十

　　② 天下莫柔弱于水

　　③ 爲蛇足者 終亡其酒

9. 다음 글을 읽고 물음에 답하시오.

(가) 世路<u>少</u>知音   (나) 秋風<u>惟</u>苦吟

1) (가)의 밑줄 친 '少'의 뜻으로 가장 적합한 것은?
  ① 어리다   ② 작다   ③ 적다   ④ 모자라다

2) (나)의 밑줄 친 '惟'의 품사를 쓰시오.

10. 다음 빈칸에 적당한 글자를 〈보기〉에서 고르시오.

  보기 : ㉠ 具   ㉡ 俱   ㉢ 辨   ㉣ 辯   ㉤ 蜂   ㉥ 峰

山與雲□白 雲山不□容
雲歸山獨立 一萬二千□

2. 한시漢詩 : 칠언절구七言絶句

❶ 산중답속인山中答俗人 — 이백李白*

問余何事栖碧山 笑而不答心自閑

桃花流水杳然去 別有天地非人間

語句

栖碧山　　푸른 산에 깃들어 있다. '깃들다' 는 '산다' 라는 뜻

杳然　　　아득히 먼 모양을 형용하는 말

別有天地　따로 천지天地가 있다. 따로 있는 천지[別有天地]는 선경仙境을 뜻한다. 앞의
　　　　　구句에서 복숭아꽃이 멀리 떠내려간다고 해서 작자가 있는 곳이 무릉도원
　　　　　武陵桃源 같은 곳임을 암시해놓았다.

---

*일곱 자로 한 구句를 이루는 한시漢詩를 통틀어 칠언시七言詩라고 하는데, 칠언고시七言古詩, 칠언배율七言排律, 칠언절구
七言絶句, 칠언율시七言律詩 등이 이에 속한다. 이 시의 형식은 칠언고시라고 할 수 있다.

해석

〈산속에서 속인에게 답함〉

나에게 묻기를, 무슨 일로 푸른 산에 사느뇨?

웃으면서 대답하지 않으니 마음 절로 한가로워라.

복숭아꽃 흐르는 물에 아득히 떠가니

따로 한 세상이 있어 사람들 사는 곳이 아니로다.

감상과 비평

산속에 외롭게 살지만 세상 사람들은 그 맘을 알지 못한다. 이유를 설명해도 모르니 애써 대답하지 않는다. 바로 이곳이 신선이 사는 곳, 또는 그 비슷한 곳에 있기에 신선의 경지를 맛본다는 것을 에둘러 나타내고 있다. 경지를 넘어선 시인의 의식세계와 담담함이 엿보인다.

---

*이백李白 701~762. 성당盛唐의 시인으로 두보杜甫와 함께 가장 유명한 중국 시인이다. '시선詩仙' 또는 '적선謫仙'으로도 일컬어진다. 술을 즐겨 끝내 술에 취해 동정호洞庭湖에 빠져 죽었다고 전해진다.

---

❷ 권학시勸學詩 — 주희朱熹*

少年易老學難成 一寸光陰不可輕

未覺池塘春草夢 階前梧葉已秋聲

語句

易	쉽다. 음은 '이'
一寸光陰	일촌一寸은 한 마디. 광음光陰은 시간 또는 세월. 즉 짧은 시간
不可輕	'輕'은 여기서 '가볍다'라는 뜻의 형용사가 아니라, '가볍게 여기다'라는 뜻의 동사이다. 가능을 나타내는 조동사 '可'는 동사에만 적용될 수 있다.

已	이미

해석

〈학문을 권하는 시〉

소년은 늙기 쉽고 학문은 이루기 어려우니

짧은 시간이라도 가벼이 여겨서는 안 된다.

연못 둑 봄풀의 꿈은 아직도 깨지 않았는데

섬돌 앞의 오동잎은 이미 가을 소리라네.

감상과 비평

주희朱熹의 이 시는 흔히 권학시勸學詩라고 알려져 있는데, 본래 제목은 '우성偶成'이다. 젊음은 잠깐뿐이요, 학문은 무궁하여 끝이 없으니 아주 짧은 시간도 헛되이 보내지 말라는 것이다. 마지막 두 구에는 쏜살같이 가는 세월을 사물에 비유하여 잘 표현하였다.

❸ 송인送人 — 정지상鄭知常*

雨歇長堤草色多 送君南浦動悲歌

大同江水何時盡 別淚年年添綠波

語句

雨歇	비가 그침. 즉, 비가 갬
草色多	풀빛이 많다. 비를 맞아 우북한 것을 형상하기도 하고, 또는 새싹의 푸른빛이

점점 짙어감을 뜻하기도 함

君   그대, 임, 당신

南浦   대동강 남쪽의 포구 이름. 고유명사가 아니라 그저 '남쪽 포구'라고 해석하
       기도 한다.

動悲歌 슬픈 노래가 나온다. '매양 노래를 슬피 부른다'로도 해석한다. '動'은 '매
       양', '늘'이라는 뜻

別淚   이별의 눈물

添綠波 푸른 물결에 (눈물을) 보태줌

---

*형식은 칠언절구이고, 압운자는 '多', '歌', '波'이다.

해석

〈임을 보냄〉

비 갠 긴 언덕엔 풀빛 짙어가는데

님 보낸 남포南浦에서 슬픈 노래 나오누나.

대동강大同江 물 언제 마르리

이별의 눈물 해마다 푸른 물결에 보태지나니.

감상과 비평

기구起句는 비 갠 강 언덕에 풀빛이 더욱 선명하게 보이는 풍경, 승구承句는 사랑하는 임을 남포南浦에서 송별했기에 생기는 그리움, 전구轉句는 다함없이 흐르는 강물을 노래하였고, 결구結句에서는 이별의 눈물 때문에 대동강의 푸른 물결이 점점 더 불어날 것이라는 과장법을 썼다.

기구의 '多', 승구의 '動', 결구의 '添'자 등이 기발한 착상이며, 기구와 승구는 대조對照가 잘되었고, 결구의 과장은 서정의 극치를 이루었다. 이 시는 이별시를 대표하는 작품으로 널리 애송愛誦되어온 시이다.

*정지상鄭知常의 「송인送人」	『대동시선大東詩選』에서 발췌하였다. 이 시는 「대동강大同江」으로도 소개되어 있다. 『대동시선』은 우리나라 역대의 시를 모아 수록한 책으로, 기자箕子의 「맥수가麥秀歌」를 비롯하여 최치원崔致遠, 이황李滉 등 40여 명의 시를 분류하여 수록한 시선집詩選集이다.
*정지상鄭知常	?~1135. 고려 인종仁宗 때의 문신, 학자, 초명初名은 지원之元, 호는 남호南湖이며, 고려 12시인 중의 한 사람이다. 예종睿宗 7년(1112)에 등제, 정언正言·사간司諫 등의 벼슬을 역임하였다. 묘청妙淸·백수한白壽翰 등과 함께 서경西京 천도遷都와 칭제稱帝할 것을 주장, 묘청의 난이 일자 이에 관여했다는 혐의로 김부식金富軾에게 피살되었다. 역학易學과 노자老子·장자莊子의 철학에 조예가 깊었으며, 특히 그의 시풍詩風은 만당晚唐의 풍으로 매우 청아하며 호일豪逸하였다.

강촌江村 ―두보杜甫*

清江一曲抱村流하고

長夏江村事事幽로다.

自去自來堂上燕이요

相親相近水中鷗라.

語句

江村 강 마을. 이 시는 원래 율시律詩의 앞부분
이지만, 형식은 절구絶句와 같다.

語法

一曲 한 굽이

長夏 긴 여름, 지루한 여름

事事 일마다

自去自來 스스로 가고 스스로 오다. '누가
시키지 않아도'의 뜻이 포함되어 있음

相親相近 서로 친하고 서로 가까이 하다. (정
답게 어울리는 모습)

對句

自去	自來	堂上	燕
↕	↕	↕	↕
相親	相近	水中	鷗

동사(去·來와 親·近 등)는 동사끼리,
명사(堂과 水, 燕과 鷗)는 명사끼리 대구를 이룬다.

---

*두보杜甫   712~770. 당나라 시인으로 이백李白과 함께 쌍벽雙璧을 이룬다. 자는 자미子美, 호는 소릉少陵으로 현종玄宗
때 문명文名을 떨쳤으나 안록산安祿山의 난으로 말년에는 가난하게 지냈다. 서사시에 뛰어나고 시격詩格이
엄정하며 구법句法이 변화가 많아 길이 후세의 모범이 되었다. 두목杜牧과 구분하기 위하여 '노두老杜'라
고 부르며, 작품으로 「북정北征」, 「병거행兵車行」 등이 있다.

字義 풀이

 오직 유, 대답할 유

① 唯 '오직', '다만'(= 惟, 維)

　　: 唯我獨存 이 세상에서 나보다 더 높은 것이 없음

② 唯 '예'

　　: 唯唯 '네 네' 하고 공손히 대답하는 소리

③ 唯~耳 '다만 ~일 뿐이다'

　　: 天下唯有斯人耳 천하에 다만 이 사람이 있을 뿐이다.

有 있을 유, 가질 유

① 有 '~이 있다'

　　: 人無遠慮 必有近憂 사람이 앞일을 헤아려 생각하지 않으면 반드시 머지않아

　　　근심이 있다.

② 有 '가지다'

　　: 有國者 不可以不愼 나라를 가진 자는 삼가지 않을 수 없다.

③ 有 '어떤', '어느'

　　: 有朋自遠方來 (어떤) 친구가 먼 곳으로부터 온다.

④ 有 숫자를 표시할 때, 앞의 수량에 뒤의 수량이 더 있음을 의미한다.

　　: 十有五

　　: 必有寢衣 長一身有半 반드시 잠옷이 있어야 하니, 그 길이는 한 키 반이다.

猶 같을 유, 오히려 유, 망설일 유, 가히 유, 꾀할 유, 움직일 요

① 猶 '마치 ~과 같다'

　　: 過猶不及 지나친 것은 마치 미치지 못한 것과 같다.

② 猶 '오히려'

　　: 猶爲不足 오히려 부족함

③ 猶 '망설이다', '주저하다'

　　: 猶豫 의심하여 결정하지 못하는 모양

　　: 猶豫未決 망설여 결정짓지 못함

④ 猶 '가히'. 조동사 '可'와 뜻이 같음

⑤ 猶 '搖'[흔들리다]와 같음

指鹿爲馬 지록위마

중국 진秦나라의 조고趙高가 '사슴'을 가리켜 '말'이라고 한 고사에서 온 말. 『사기史記』에 보면 "조고가 반란을 일으키려고 하는데, 여러 신하들이 따르지 않을까 근심하여, 이에 먼저 시험을 해보려고 이세二世(진시황秦始皇의 아들)에게 사슴을 바치면서 '말'이라고 하였다. 이세는 웃으면서 말하기를 '승상이 잘못이오. 사슴을 가지고 말이라고 하다니' 하며 좌우의 신하들에게 물었다. 신하들 중에서 어떤 이는 아무 말도 없었고, 어떤 이는 '말'이라고 하여 조고에게 아첨하는 이도 있고, 어떤 이는 '사슴'이라고 말하였다. 그 후 조고는 사슴이라고 한 신하들을 모함하여 법으로 처단했다. 그 후에 모든 신하들은 조고를 두려워하였다"라고 하였다.

1. 다음에서 평측법平仄法에 대한 설명 중 옳지 않은 것은?

　① 평자平字와 측자仄字의 배열

　② 글자의 고저장단高低長短을 나타내는 사성四聲을 기본으로 함

　③ 시詩의 행行 끝에 운韻을 붙이는 것

　④ 리듬 감각을 살리는 시적인 표현 기교

2. 다음에 관계되는 것을 〈보기〉에서 찾으시오.

　　보기 : ㉠ 8行, 一句가 7字　㉡ 8行, 一句가 5字

　　　　　㉢ 4行, 一句가 7字　㉣ 4行, 一句가 5字

　① 五言絶句　　　② 七言絶句　　　③ 五言律詩　　　④ 七言律詩

3. 다음 시를 읽고 물음에 답하시오.

　　問余何事栖碧山 笑而不答心自閒
　　桃花流水杳然去 別有天地非人間

1) 이 시의 형식은?

2) 밑줄 친 '心自閒'과 '人間'의 뜻을 쓰시오.

3) 1인칭 대명사를 찾아 쓰시오.

4. 다음 낱말을 한자로 쓰시오.

　　① 신뢰　　　② 잔인　　　③ 방자　　　④ 결함　　　⑤ 회개

5. 다음 문장을 해석하시오.

　　① 人無遠慮 必有近憂

　　② 有國者 不可以不愼

　　③ 天下唯有斯人也

6. '過猶不及'에서 '猶'의 뜻에 가까운 것은?

　　① 망설이다　　　　　② 마치 ~과 같다

　　③ 만약　　　　　　　④ 오히려

7. 다음 한시를 읽고 물음에 답하시오.

　　　少年易⑨老學難成 一寸光陰⑩不可輕

　　　未覺池塘春草夢 階前梧葉已⑪秋聲

1) 이 시의 운韻이 되는 글자는?

2) ⑨, ⑩의 독음과 그 뜻을 쓰시오.

3) ⑪의 뜻은?

8. 다음을 읽고 물음에 답하시오.

　　雨歇[⊙]長堤[ⓒ]草色多 送君南浦動悲[ⓒ]歌
　　大同江水何時盡 別淚年年添綠波[ⓔ]

1) ㉠, ㉡, ㉢의 뜻과 그 품사는?

2) '君'을 보낸 곳은 어디인가? 지명을 찾아 쓰시오.

3) ㉣의 글을 통해 볼 때, 필자는 지금 어디에서 이 시를 쓴 것일까? 윗글에서 찾아 쓰 시오.

9. '雨歇長堤草色多'에서 '草色多'의 뜻은?

10. 다음 단어를 완성시키려 할 때, 빈칸에 적당한 글자를 각각 〈보기〉에서 찾으시오.

　　보기 : ㉠署　㉡暑　㉢睹　㉣堵　㉤賭　㉥緖

　　① 단서―端□　　　② 서명―□名
　　③ 혹서기―酷□期　　④ 경찰서―警察□
　　⑤ 도박―□博　　　　⑥ 목도―目□
　　⑦ 안도감―安□感　　⑧ 서론―□論

3. 사辭·부賦

❶ 어부사漁父辭 —굴원屈原*

屈原曰 "吾는 聞之하니, 新沐者는 必彈冠하고, 新浴者는 必振衣라. 安能以身之察察로 受物之汶汶者乎아? 寧赴湘流하여 葬於江魚之腹中이언정 安能以皓皓之白으로 而蒙世俗之塵埃乎아?"

漁父가 莞爾而笑하고 鼓枻而去하여 乃歌曰 "滄浪之水清兮어든 可以濯吾纓이요, 滄浪之水濁兮어든 可以濯吾足이로다" 하고, 遂去하여 不復與言하다.

—『고문진보古文眞寶』*

語句

彈冠	갓을 털어 씀. 즉 새로 감은 머리에 먼지가 묻을까 봐 모자를 털어서 씀
身	자기 자신
察察	맑고 깨끗함
物	외계의 사물. 나 아닌 다른 것

汶汶	더러운 모양
湘流	상수湘水. 동정호洞庭湖로 흘러들어가는 강
皓皓	희고 깨끗함
蒙	뒤집어쓰다. 먼지. 세상의 더러움
莞爾	빙그레(웃는 모양)
鼓枻	상앗대를 두드리다. 또는 노를 젓다.
滄浪	한수漢水의 하류 지역 이름

語法

安能	'어찌 ~할 수 있으랴' 로 해석됨. '安'은 의문사疑問詞로 '어찌' 의 뜻
寧~, 安~, 乎	차라리 ~할지언정~, 어찌 ~하겠는가?(비교형+반어형)

해석

굴원屈原이 말하기를 "나는 들으니, 새로 머리를 감은 사람은 반드시 갓을 털어서 쓰고, 새로 몸을 씻은 사람은 반드시 옷을 털어서 입는다고 하니, 어찌 깨끗한 몸으로 사물의 더러움을 받으랴? 차라리 소상강瀟湘江 물에 뛰어들어 물고기의 뱃속에 (이 몸을) 장사 지낼지언정 어찌 이 희고도 흰 깨끗함을 가지고 세속世俗의 더러운 티끌을 입을까 보냐?" 하니,

어부가 빙그레 웃고, 상앗대를 두드리고 떠나며 노래하기를 "창랑滄浪의 물이 맑거든 나의 갓끈을 씻을 것이요, 창랑의 물이 흐리거든 나의 발을 씻으리라" 하면서 드디어 가버려서 다시는 더불어 말하지 못했다.

---

*굴원屈原	BC 323?~277?. 중국中國 고대古代의 초楚나라 사람. '삼려대부三閭大夫'라고 불린다. 국정國政이 혼란해지자 벼슬을 버리고 물러나 강가에 살면서 많은 글을 남겼다.
*『고문진보古文眞寶』	전국시대戰國時代 말기부터 송宋에 이르기까지의 명문名文만을 전후집前後集으로 나누어 모은 시문집詩文集으로, 송宋의 황견黃堅이 편찬하였다 하나, 확실치는 않다. 「어부사漁父辭」는 굴원屈原의 대표작 가운데 하나로 『고문진보』 후집에 실려 있다. 어부와 굴원이 문답問答한 형식으로 엮어졌는데, 굴원의 처세관處世觀을 밝힌 글이다. 시경詩經을 중심으로 한 북방문학北方文學에 대비하여 남방문학南方文學은 '초사楚辭' 라고 불린다.

❷ 귀거래사歸去來辭 ─ 도잠陶潛*

倚南牕以寄傲하니 審容膝之易安이라.

園日涉以成趣하니 門雖設而常關이라.

策扶老以流憩하며 時矯首而遐觀하니,

雲無心以出岫하고 鳥倦飛而知還이라.

景翳翳以將入한데 撫孤松而盤桓이라.

語句

寄傲	오만을 부리다.
容膝	무릎을 둘 정도. 아주 좁다는 뜻
易安	가벼운 마음으로 편안하다. '易'의 음은 '이'
日涉	매일 거닐다.
常關	(찾아오는 사람이 없는 탓에) 항상 문이 잠겨 있다.
流憩	노닐며(이리저리 다니며) 휴식한다.
遐觀	멀리 바라본다.
出岫	산골짜기에서 나오다.
景翳翳	햇볕이 뉘엿뉘엿
盤桓	머뭇거리며 멀리 떠나지 못하는 모양

語法

雖~而~	비록 ~하나, 그러나. '而'는 역집
日	'日日'의 뜻. 날마다
時	'時時'의 뜻. 때때로

해석

남창에 기대어 오만을 부려보니

좁은 방안일망정 편안함을 알았노라.

정원은 날마다 거닐어 취미가 되었으니,

대문은 만들어두었으되 언제나 닫혀 있도다.

지팡이 짚고서 노닐며 쉬면서,

이따금 머리 들어 멀리 바라보니,

구름은 무심히 산꼭대기에서 피어 나오고,

새들은 날다 지쳐 돌아올 줄 아는구나.

햇볕 뉘엿뉘엿 지려는데,

외로운 소나무 어루만지며 서성거리노라.

감상과 비평

혼자 자적自適하면서 오만스럽게 세상 부러울 것이 없다. 그리고 자연과 벗하며 다시없는 행복을 맛본다. 이런 자의식과 자연 속에 노니는 은사의 모습이 여실히 나타난다.

---

*도잠陶潛 365~427. 중국 진晉나라의 시인. 자는 연명淵明. 벼슬을 버리고 고향으로 돌아가서 이 「귀거래사歸去來辭」를 지었다. 이 글은 그중 한 부분이다.

❸ 적벽부赤壁賦 ― 소식蘇軾*

壬戌之秋 七月旣望에 蘇子與客으로 泛舟하여 遊於赤壁之下할새, 淸風은 徐來하고 水波는 不興이라.

擧酒屬客하고 誦明月之詩하여 歌窈窕之章이러니, 少焉에 月出於東山之上하여 徘徊於斗牛之間이라. 白露는 橫江하고, 水光은 接天이라.

縱一葦之所如하여 凌萬頃之茫然하니, 浩浩乎 如憑虛御風 而不知其所止하며, 飄飄乎如遺世獨立하여 羽化而登仙이라.

語句

壬戌　　　송宋나라 신종神宗 때인 원풍元豊 5년

旣望　　　16일. 이미 '望[보름]'이 지난 다음 날이란 뜻

蘇子　　　소식蘇軾 자신을 말함

泛舟　　　배를 띄움

屬客　　　屬은 붙인다는 뜻. 즉 술을 객에게 권함

明月之詩　『시경詩經』 진풍陳風 월출편月出篇의 시

窈窕之章　위 월출편의 첫 장章. 즉, 월출편 중의 한 대목을 노래한다는 뜻으로 동격同
　　　　　格으로 보지 않기 때문에 '하여'로 토를 달아야 한다. '하고'로 달기도 하
　　　　　나 틀린 것이다.

斗牛　　　'斗'는 남두성南斗星이고, '牛'는 견우성牽牛星

一葦　　　'작은 배'란 뜻

憑虛　　　허공을 탄다.

遺世　　　속세를 버리다. 세상일을 잊음

語法

少焉　　　　조금 뒤에. '焉'은 강세의 의미를 띠고 있음

縱~之~所　~하는 대로 ~두다. '縱'은 놓아두다. '之'는 주격 후치사. 이 문장 뒤에 붙
　　　　　　은 如는 '간다'의 뜻

해석

임술壬戌년 가을, 7월 기망旣望에 소식蘇軾이 손님들과 더불어 적벽赤壁 아래에 배를 띄우
고 놀 때에, 맑은 바람은 천천히 불어오고 물결은 일어나지 않았다.

술잔을 들어 손님에게 권하고 '명월시明月詩'을 외우며 '요조장窈窕章'을 노래하니, 조금
있다가 달이 동산東山 위에 떠올라 남두성南斗星과 견우성牽牛星 사이에 배회徘徊하는데, 흰
이슬은 강을 가로지르고, 물빛은 하늘과 닿았도다.

작은 배가 가는 대로 놓아두어, 만 이랑의 아득함을 타고 가니, 끝없이 허공虛空을 타고 바람을 타서 그칠 바를 모르는 것과 같고, 훨훨 속세를 버리고 홀로 서서 몸에 날개가 돋아 신선이 되어 오르는 것 같았다.

감상과 비평

이 글은 「적벽부赤壁賦」의 한 대목이다. 「후적벽부後赤壁賦」가 또 있다. 이 글은 여름철에 뱃놀이하면서 옛 싸움터인 적벽을 둘러보고 경치를 읊조리고 있다. 뒤에는 인생의 무상을 표백表白하고 있다.

---

*소식蘇軾 1036~1101. 중국 북송北宋의 문인으로, 자字는 자첨子瞻, 호號는 동파東坡이다. 아버지 순洵과 아우 철轍과 더불어 '삼소三蘇'라고 불리며, 당송팔대가唐宋八大家의 한 사람이다. 경사經史에 널리 통했으며 혼후渾厚한 문장을 썼다. 서화書畵에도 능했으며, 저서에 『동파전집東坡全集』이 있다.

유사학사생문論四學師生文 — 이황李滉

國家設學而養士는 其意甚隆이라.

自今으로 諸生은 日用飮食을 無不周旋於禮義之中하고,

惟務更相勅勵하여 灑濯舊習하고 推入事父兄之心하여 移之爲出事長上之禮하

며, 內主忠信하고 外行遜悌하여 以副國家右文興化 設學養士之意하라.

語句

設學 학교를 세움

養士 선비를 기름. 인재人材를 양성養成한다는 뜻

隆 크다大는 뜻

日用飮食 먹고 마시고 하는 따위의 일상생활.
　날마다의 행동

周旋 기거동작

更相 번갈아 서로

灑濯 씻어버린다.

入事父兄 집안으로 들어와서 아버지와 형를 섬
　긴다.

出事長上 사회에 나와서 웃어른을 섬긴다.

主忠信 충忠과 신信을 주主로 삼는다.

行遜悌 겸손과 공경을 행한다.

右文 문文을 숭상함

興化 교화를 일으킴

語法

無不~ '~하지 아니함이 없다'는 뜻이다. 이중부정二
　重否定의 형식으로 긍정의 의미를 나타낸다.

內主忠信하고 外行遜悌하여 '內'와 '外'는
　'안으로', '밖으로'의 뜻을 가진 부사이다.

字義 풀이

 어조사 의

① 矣 단정斷定의 어감을 나타내기 위한 조사 (종결사)

: 朝聞道 夕死可矣 아침에 도道를 들어서 깨달을 수 있다면 그날 저녁에 죽어도 좋을 것이다.

② 矣 과거나 미래에 있을 사실을 확인하는 뜻의 조사 (종결사)

: 王無親臣矣 왕에게는 가까이 믿을 만한 신하가 없었다.

: 禍至而不能見 亡無日矣 재앙이 이르러도 알아볼 수 없다면 망하는 것은 시간 문제일 것이다.

③ 矣 어떤 행위의 실현 또는 어떤 일의 완성을 희망하는 기원祈願의 뜻을 나타내기 위한 조사 (종결사)

: 先生休矣! 선생은 쉬시기를!

④ 矣 감탄의 어감을 나타내기 위한 조사 (종결사)

: 久矣 吾不復夢見周公! 오래되었도다, 내가 다시 꿈에 주공周公을 보지 못함이여!

 써 이

① 以 '써', '~으로써', '~으로'

: 事親以孝 어버이 섬기기를 효도로써 하라.

: 衆客以次就坐 여러 손님이 차례에 따라 앉았다.

② 以 '~으로써 하다'

: 彼以其富 我以吾仁 저들이 부富를 가지고 한다면, 나는 인仁으로써 할 것이다.

③ 以 '하여서', '으로써'. 시간적으로 앞뒤의 두 가지 행위를 연결시키는 구실

: 殺身以成仁 자신을 죽여서 인仁을 이룬다.

④ 以爲 '~라고 여긴다', '~라고 생각한다', '~라고 말한다'

: 虎不知獸畏己而走 以爲畏狐也 호랑이는 짐승들이 자기를 두려워하여 달아나는 줄 모르고 여우가 두려워서라고 생각했다.

⑤ 以A爲B 'A를 B라고 여기다', 'A를 B한다고 생각한다'

: 鮑叔 不以我爲愚 知時有利不利也 포숙이 나를 어리석다고 여기지 않은 것은 때의 이롭고 이롭지 못함을 알았기 때문이다.

: 里人皆以其弟爲小人 마을 사람들은 모두 그의 동생을 소인小人이라고 여겼다.

已 이미 이, 따름 이, 그칠 이

① 已 '이미'. 과거시제過去時制를 나타내는 부사

: 輕舟已過萬重山 가볍게 떠가는 배가 벌써 여러 겹이나 되는 산들을 지나갔다.

② 已 '~일 뿐이다', '~일 따름이다'. 한정限定을 나타내는 조사 (종결사)

: 所謂空言已 이른바 헛된 말일 따름이다.

③ 已 '그치다', '그만두다' (동사)

: 學不可以已 배움은 그만두어서는 안 된다.

直躬證父 직궁증부

정직正直함이 너무 지나쳐서, 부자지간父子之間의 천리인성天理人情을 서버린 짓. '자위부은子爲父隱'과 반대 의미를 가진 말로 자식이 아버지를 위하여 아버지의 죄를 감추지 않은 것을 탓하는 말. 요즘은 원리원칙에만 얽매여 융통성이 없는 경우에도 쓰인다. 『논어論語』에 나오는 일화로, 초楚나라의 장張이라는 사람이 너무 정직하여 직장直張이라고 불리었는데, 어느 날 그의 아버지가 양羊을 훔친 것을 관청에 고발하고 스스로 증인이 되었던 데서 비롯되었다.

연습 문제

1. 다음에서 가정문假定文과 의문문疑問文을 각각 두 개씩 고르시오.

① 遂去不復與言　　　② 放於利而行 多怨　　　③ 孰子執爲好學

④ 二牛何者爲勝　　　⑤ 若不修德一世而亡

2. 다음 글을 읽고 물음에 답하시오.

屈原曰 "吾는 聞之하니, 新沐者는 必彈冠하고, 新浴者는 必振衣라.ⓐ 安能以身之

察察ⓑ로 受物之汶汶ⓒ者乎아 ?

1) ㉠의 뜻을 쓰시오.

2) ㉡, ㉢의 뜻은?

3. 다음 각각의 빈칸에 적당한 말을 보기에서 찾아 쓰시오.

보기 : ㉠笑 ㉡枻 ㉢足 ㉣吾 ㉤濁 ㉥纓 ㉦莞 ㉧乃 ㉨而 ㉩爾

漁父□□□□하고 鼓□而去하여 □歌曰 "滄浪之水淸兮어든 可以濯□□이요, 滄

浪之水□兮어든 可以濯吾□이로다"

4. 다음에서 밑줄 친 '寧'은 그 뜻이 각기 다르다. 그 뜻을 설명하시오.

① 寧赴湘流 葬於江魚之腹中

② 壽福康寧

③ 向主一片丹心 寧有改理也歟

5. 다음에서 밑줄 친 '與'는 그 뜻이 각기 다르다. 그 뜻을 설명하시오.

    ① 遂去不復<u>與</u>言

    ② <u>與</u>其奢也寧儉

    ③ 八仙女 正<u>與</u>性眞 相遇

    ④ 安能以皓皓之白 而蒙世俗之塵埃<u>與</u>

    ⑤ 嘗<u>與</u>鮑叔賈 分財利多自<u>與</u>

6. 다음 문장을 읽고 물음에 답하시오.

    倚南牕 以寄傲하니 審容膝之<u>易安</u>㉠이라.

    園日<u>涉</u>㉡以成趣하니 <u>門雖設而常關</u>㉢이라.

1) ㉠, ㉡의 뜻은?

2) ㉢에서 알 수 있는 것은?

    ① 찾아오는 사람이 없다.   ② 사람들을 만나기가 귀찮다.

    ③ 집이 외딴 곳에 있다.   ④ 남몰래 숨어 산다.

7. 다음 문장에서 밑줄 친 한자의 품사는?

    策扶老<u>以</u>㉠<u>流憩</u>㉡ <u>時</u>㉢<u>矯</u>首<u>而</u>㉣遐觀

8. 다음에서 밑줄 친 한자의 음ᅟᅳᆷ과 그 뜻을 구별하시오.

    ① 擧酒<u>屬</u>客 － 所<u>屬</u>   ② 飯疏<u>食</u>飮水 － 日用飮<u>食</u>

    ③ 不<u>復</u>與言 － 往<u>復</u>   ④ 人之性<u>惡</u> － 所<u>惡</u>則能得之其主而罪之

9. 다음 말의 뜻을 쓰시오.

　① 旣望　　　　　　② 水波不興

　③ 水光接天　　　　④ 羽化而登仙

10. 다음에 나오는 부사들은 어떠한 상태를 묘사한 것인지 설명하시오.

　① 浩浩

　② 飄飄

　③ 翩翩

4. 서序·의議

① 춘야연도리원서 春夜宴桃李園序* — 이백李白

夫天地者는 萬物之逆旅요 光陰者는 百代之過客이라. 而浮生이 若夢하니 爲歡이
幾何오.

古人秉燭夜遊는 良有以也라. 況陽春이 召我以煙景하고 大塊는 假我以文章이라.

會桃李之芳園하여 序天倫之樂事하니 群季俊秀는 皆爲惠連이나 吾人詠歌가 獨慚
康樂이로다.

幽賞이 未已하고 高談이 轉淸이라. 開瓊筵以坐花하고 飛羽觴而醉月하니 不有佳作
이면 何伸雅懷리오.

如詩不成이면 罰依金谷酒數하리라.

語句

逆旅	'逆'은 맞이한다는 '迎'의 뜻, '旅'는 나그네의 뜻. 나그네를 맞이하

	는 곳, 즉 여관. 이 글에서는 '잠시 머무는 곳' 이라는 의미로 쓰였다.
百代之過客	영원한 시간 속에 잠깐 지나가는 길손. '代' 는 30년을 가리킴
浮生若夢	떠다니는 인생이 꿈과 같으니, 즉 인생이 덧없다는 뜻
秉燭夜遊	촛불을 잡고 밤에 논다. 금방 흘러가는 세월에 밤을 그냥 보내기가 아까와서 밤에도 논다는 뜻
煙景	아지랑이 핀 경치. '煙' 은 아지랑이
大塊	천지天地와 같은 말
序	서술하다, 기술하다.
天倫	하늘이 맺어준 인간관계, 여기서는 형제를 뜻함
樂事	즐거운 일. 여기서는 형제끼리 모여 노는 일
群季俊秀	여러 아우들의 뛰어난 것은. '季' 는 동생
惠連*	남북조시대 송나라 시인의 이름
康樂	사령운謝靈運의 자. 혜련과 종형제 간이다.
幽賞未已	그윽이 감상하는 것이 미처 끝나지 않아서
開瓊筵以坐花	구슬처럼 반짝이는 자리를 펼쳐 꽃 위에 앉는다.
飛羽觴而醉月	날개 모양의 술잔을 날려서 달빛 아래 취한다. '飛' 의 '날린다' 의 의미는 우상羽觴과 관련되어 술잔을 든다는 뜻이다.
依	'의하여', '~대로' 로 해석하면 부드럽다.
金谷酒數	진晉나라의 부호인 석숭石崇이 금곡원金谷園 연회를 열고 모인 사람 중에서 시를 못 짓는 사람에게는 술 석 잔을 먹게 한 고사에서 유래한 말

語法

爲~幾何	~이 얼마나 되는가. '幾何'는 '얼마나' 의 의미를 가진 의문사
良有以也	참으로 까닭이 있어서이다. '以' 는 까닭의 뜻으로 불완전명사로 쓰였다. '良'은 '어질다'가 아닌 '참으로', '진실로'
假我以文章	나에게 문장을 빌려주었다. '假'는 '빌려주다'라는 동사

| 不有~, 何~ | ~이 있지 아니하면, 어찌 ~하리오. 반어형 |

해석

무릇 하늘과 땅은 만물의 여관이요, 세월은 백대의 시간에 지나쳐가는 나그네라. 덧없는 인생이 꿈과 같으니 즐거움으로 삼을 것이 얼마나 되랴.

옛 사람이 촛불을 켜고 밤까지 놀던 것은 진실로 까닭이 있어서이다. 하물며 화창한 봄이 나를 아지랑이 핀 경치로 부르고 대지는 나에게 문장을 빌려줌에랴.

복사꽃 오얏꽃 핀 동산에 모여 형제들의 즐거운 일을 가지니 여러 동생들은 뛰어난 것이 모두 혜련이 되었지만 내가 읊은 노래는 홀로 강락에게 부끄럽다.

그윽한 감상이 끝나지 않고, 고상한 담론은 맑아지고, 옥 같은 자리를 펴고 꽃에 앉아 날개 모양 술잔을 날리며 달 아래 취하니 아름다운 작품이 있지 않다면 어찌 우아한 생각을 펴리오.

만약 시를 짓지 못하면 벌주는 금곡의 잔 수대로 하리라.

| *「춘야연도리원서春夜宴桃李園序」 | 이백李白이 지은 글이다. 서序는 어떤 사실을 기술한다는 뜻의 문체의 하나로, 대개 책 같은 것의 앞에 그 대강을 기술하는 데 자주 쓰인다. |
| *혜련惠連 | 혜련惠連·강락康樂이 종형제 간으로 유명한 시인이었기 때문에 그 고사를 인용한 것이다. 아우들은 혜련처럼 뛰어난 시재를 지니고 있는데, 자기의 시는 잘되지 못함을 부끄러워하고 있다. 아우들의 시재를 칭찬하며 자신은 겸손해한 것이다. |

❷ 북학의北學議* — 박제가朴齊家

我國은 國小而民貧하니 今耕田疾作하고 用其賢才하며 通商惠工하여 盡國中之利라도 猶患不足이요 又必通遠方之物而後에 貨財殖焉하고 百用生焉이라.

夫百車之載도 不及一船하고 陸行千里가 不如舟行萬里之爲便利也라 故로 通商者는 又必以水路爲貴라.

我國이 三面環海하여 西距登萊가 直線六百餘里요 南海之南은 則吳頭楚尾之相望
也라.

宋船之通於高麗也에 自明州로 七日而泊禮成江하니 可謂近矣라. 然而國朝四百年
에 不通異國之一船이라.

夫小兒見客에 則羞澀啼哭은 非性也요 特見少而多怪耳라.

語句

耕田	밭을 갈다. 농사라는 명사로 쓰임
疾作	힘써 짓다. 열심히 경작하다.
惠工	공업에는 혜택을 주다.
環海	바다로 둘러싸여 있다.
西距登萊	등래登萊는 중국 산동성山東省에 있던 등주登州와 래주萊州의 줄인 말. 서쪽으로 등주·래주와 떨어진 것이
吳頭楚尾	중국의 오吳나라 땅과 초楚나라 땅이 맞닿은 강서江西지역
明州	중국 절강성浙江省에 있는 지명
可謂近矣	가깝다고 말할 만하다. 可謂는 '~라고 할 수 있다', '~라고 할 만하다'
國朝	자기가 속해 있는 왕조를 일컫는 옛말. 여기서는 조선 왕조를 가리킴
羞澀啼哭	부끄러워 머뭇거리다가 울어대는 것
非性也	타고난 성품이 아니다.

語法

猶患	오히려 ~할까 걱정하다.
殖焉·生焉	焉은 단정, 강조를 나타내면서 '於是' 또는 '於此'를 한 글자로 축약한 것이다. 즉, '여기에서 불어나고', '여기에서 생겨난다'. '여기'가 가리키는 것은 '必通遠方之物'
~不如~	'~하는 것이 ~하는 것만 못하다' 비교형

為貴   중요하게 여기다. '貴'는 '중요하다'는 뜻. '爲'는 '여기다'라는 동사

해석

우리나라는 나라는 작고 백성들은 가난하니, 이제 농사는 힘써 짓고 똑똑한 인재를 쓰며, 상업을 통하게 하고 공업에는 혜택을 주어서 나라 안의 이로움을 다하더라도 오히려 부족할까 걱정되니, 또 반드시 먼 지방의 물건을 유통한 뒤에야 재화가 불어나고 온갖 쓸 만한 것이 생겨난다.

대저 백 대의 수레에 싣는 것이 한 척의 배에 미치지 못하고, 육지로 천 리를 가는 것도 배로 만 리를 가는 것의 편하고 이익됨만 같지 못하다. 그러므로 통상을 하는 자는 반드시 수로를 중요하게 여긴다.

우리나라는 삼면이 바다로 둘러싸여 있어, 서쪽으로 등주登州, 래주萊州와 떨어진 것이 직선으로 600여 리이고, 남해의 남쪽으로는 오吳나라의 머리이면서 초楚나라의 꼬리인 곳이 바라보인다.

송宋나라의 배가 고려에 드나들 때에 명주明州로부터 이레 만에 예성강에 대었으니 가깝다고 말할 만하다. 그러나 조선 왕조 400년에 다른 나라의 배 한 척도 드나들지 않았다. 대저 어린아이가 낯선 사람을 보면 부끄러워 머뭇거리다가 울어대는 것은 타고난 것이 아니요. 다만 본 것이 적어 괴이한 것이 많은 것뿐이다.

---

* 『북학의北學議』 실학자 박제가朴齊家(1750~?)가 지은 것으로 우리나라를 경제적으로 윤택하게 하려면 중국 청淸나라의 문물을 배워야 한다는 내용을 담고 그 방법에 대해 썼다. '議'는 '건의한다'는 뜻으로 쓰인 한문 글쓰기의 한 형식이다. 이 글은 『북학의』 중 통상선의通商船議[상선을 통케 하자는 건의]의 한 대목이다.

해석 연습

격몽요결서 擊蒙要訣序 —이이 李珥

人生斯世에 非學問이면 無以爲人이니 所謂學問者는 亦非異常別件物事也라.

只是爲父當慈요, 爲子當孝요, 爲臣當忠이요, 爲夫婦當別이요, 爲兄弟當友요, 爲

少者當敬長이요, 爲朋友當有信이니 皆於日用動靜之間에 隨事各得其當而已니라.

語句	**語法**
無以爲人 사람다운 사람이 될 수 없다.	**爲** '~이 되어서는', '~으로서는'
所謂學問者 학문이라고 이르는 바의 것은,	**~而已** '~일 뿐이다'
즉 학문이란 것은	
別件 보통 것과는 매우 다른 물건	
隨事 일에 따라	

字義 풀이

爾 너 이, 뿐 이

① 爾 '너', 2인칭 대명사

: 爾曹 너희들, 汝曹

② 爾 '~일 뿐이다', '~일 따름이다'. 한정限定을 나타내는 조사(종결사)

: 有本者如是 是之取爾 근본이란 것은 이와 같으니, 이를 취할 따름이다.

而 말이을 이, 너 이, 뿐 이

① A而B 'A이며(하며) 그리고 B', 순접順接의 접속사

: 疑人而言之 是不智也 남을 의심하면서 말하는 것은 지혜롭지 못함이다.

② A而B 'A이지만 그러나 B', 역접逆接의 접속사

: 子欲養而親不待 자식은 (어버이를) 봉양하고자 하나 어버이는 기다리지 않는다.(어버이가 돌아가신다는 뜻)

③ 而 가정문假定文에서 '만일 ~한다면' 의 뜻으로도 쓰인다.

: 人而無志 終身無成 사람이 뜻이 없다면, 종신토록 이룸이 없을 것이다.

④ 而 '너', 2인칭 대명사

: 而忘越王之殺而父邪? 너는 월越나라 왕이 너희 아버지를 살해한 것을 잊었느냐?

⑤ 而已 而已矣 '~일 뿐이다', '~일 따름이다'. 한정限定을 나타내는 조사(종결사)

: 夫子之道 忠恕而已矣 선생님의 도道는 충서忠恕일 따름이다.

者 사람 자, 것 자, 어조사 자

① 者 '~하는 사람'

: 逐鹿者 不顧兎 사슴을 쫓는 자는 토끼를 돌아보지 않는다.

② 者 '~하는 것', '~이라는 것'

   : 中也者 天下之大本也 중中이라는 것은 천하의 큰 근본이다.

③ 者 시간을 나타내는 접미사

   : 昔者吾夫死於虎 옛날에 나의 남편이 호랑이에게 죽임을 당하였다.

   : 今者 지금, 요즈음

泉石膏肓 천석고황

자연을 즐기는 버릇이 불치병不治病처럼 되었다는 뜻으로, 그윽한 산수山水의 자연을 몹시 사랑하는 것을 말한다. '천석泉石'은 '자연'을 대유적으로 나타낸 것, '고황膏肓'은 '불치의 병'이란 뜻. '肓'은 '황'이라고 읽는다.

1. 다음 문장을 읽고 물음에 답하시오.

夫天地者는 萬物之<u>逆旅</u>⊙요 光陰者는 <u>百代之過客</u>⊙이라. 而浮生이 <u>若</u>⊙夢하니 <u>爲</u>
<u>歡이 幾何오</u>⊜. 古人秉燭夜遊는 良有以也라.

1) ⊙의 뜻은?

　　① 나그네　　　② 여행　　　③ 여관　　　④ 휴식

2) ⓒ의 뜻은?

　　① 영원한 시간 속에 일시 지나가는 길손　　② 오래된 손님

　　③ 무수히 많은 길손 가운데 하나　　　　　⑤ 지체 높은 손님

3) ⓒ의 뜻은?

4) ⓔ을 해석하시오.

2. 다음 문장을 읽고 물음에 답하시오.

會桃李之芳園하여 序天倫之樂事하니 <u>群季</u>⊙俊秀는 皆爲蕙連이나 吾人<u>詠歌</u>⊙가
<u>獨慚</u>⊙康樂이로다.

1) ⊙, ⓒ, ⓒ의 독음讀音과 그 뜻은?

2) 위의 글에서 고유명사를 있는 대로 찾으시오.

3. 다음 문장을 읽고 물음에 답하시오.

> □百車ⓐ之載도 不□一船하고, 陸行千里가 不如舟行萬里之爲便利也라.ⓒ
>
> □로 通商者는 又必以水路□貴라.

1) 각각의 빈칸에 알맞은 글자를 아래에서 찾으시오.

  ① 故　　② 夫　　③ 爲　　④ 及

2) ㉠의 독음讀音과 뜻은?

3) 밑줄 친 ㉡을 해석하시오.

4. 다음 문장을 해석하시오.

  ① 古人秉燭夜遊는 良有以也라

  ② 幽賞이 未已하고 高談이 轉淸이라

  ③ 如詩不成이면 罰依金谷酒數하리라

  ④ 盡國中之利라도 猶患不足이라

5. 표 表

❶ 출사표(1) 出師表(一) ― 제갈량 諸葛亮

先帝 創業未半하여 而中道崩殂하시고 今天下三分에 益州疲弊하니 此誠危急存亡 之秋也라.

然이나 侍衛之臣이 不懈於內하고 忠志之士가 忘身於外者는 蓋追先帝之殊遇하여 欲報之於陛下也니이다.

誠宜開張聖聽하여 以光先帝遺德하여 恢弘志士之氣요 不宜妄自菲薄하고 引喩失 義하여 以塞忠諫之路也니이다.

宮中府中이 俱爲一體라 陟罰臧否를 不宜異同이니 若有作奸犯科와 及爲忠善者어 든 宜付有司히어 論其刑賞하여 以昭陛下의 平明之理요 不宜偏私하여 使內外異法 也니이다.

語句

先帝 　　　촉한蜀漢의 선주先主인 소열황제昭烈皇帝 유비劉備를 말함

創業	왕업王業을 일으킴. 나라를 처음 세웠을 때를 뜻함
未半	천하를 통일하여 한나라를 재건하는 일이 반도 이루어지지 않아
中道	천하를 통일시키려는 도중
崩殂	제왕의 죽음을 일컫는 말
三分	중국을 위魏와 오吳, 그리고 촉한蜀漢이 나누어 차지하고 있던 삼국三國 당시를 말함
益州	촉한의 영토로 지금의 사천성四川省인데, 당시 위魏와 이곳을 놓고 싸움이 잦았음
疲弊	피로하고 약해짐. '피폐罷敝'라고도 씀. 이때의 '罷'의 음은 '피'
秋	때. '時'와 같음
陛下	촉한의 후주後主인 유선劉禪을 가리킴
陟罰臧否	장臧(= 善)을 (벼슬을) 올리고 부否(= 惡)를 벌주다.
不宜異同	달리해서는 마땅하지 않다. '同'은 뜻 없이 쓰인 글자
科	죄과罪科
有司	담당 관리
偏私	한쪽으로 치우치는 것
内外	궁중宮中과 부중府中

語法

此誠~之秋也	이는 진실로 ~의 때이다. '秋'는 시대를 뜻함
若有~及~	'만약 ~와 ~가 있으면'. 가정문假定文으로 '有'는 접속사인 '及' 이하의 구문句文까지 걸림

해석

선제先帝께서 나라를 세우신 지 반도 못 되어 중간에 돌아가셨고 이제 천하天下가 셋으로 갈라져 있는데 익주益州가 피폐하여 있으니 이는 진실로 위급하고 살아남음과 죽어 없어짊이 달려 있는 때입니다.

그러나 모시고 있는 신하들이 안에서 게으르지 않고 충성스런 무사武士가 밖에서 몸을 돌보지 않는 것은 아마도 선제의 특별하셨던 대우를 기려서 이것을 폐하陛下께 갚고자 함입니다.

진실로 거룩한 덕을 펴시어 선제先帝의 남기신 덕德을 빛내고 지사志士의 기개를 널리 펴게 해야 할 것이요. 함부로 덕이 변변치 못하다 하여 비유를 끌어 올바름을 잃고서 충성스럽게 간언하는 길을 막는 것은 마땅치 못합니다.

궁중宮中과 부중府中은 모두 한 몸이오니 선한 사람을 올려주고 악한 사람을 벌罰주는 것은 다르게 해서는 안 됩니다. 만약 간악한 짓을 하여 죄를 범한 자와 충성스럽고 착함을 행한 사람이 있으면 마땅히 담당 관리에게 맡겨 형벌과 포상을 따져 폐하의 공평하고 밝은 다스림을 밝혀 보이시고, 한쪽으로 치우쳐서 궁중과 부중으로 하여금 법을 달리해서는 안 됩니다.

❷ 출사표(2)出師表(二) ─ 제갈량諸葛亮

侍中侍郞郭攸之 費褘 董允等은 此皆良實하고 志慮가 忠純이라. 是以로 先帝가 簡拔하사 以遺陛下하시니 愚는 以爲宮中之事를 事無大小히 悉以咨之然後에 施行하시면 必能裨補闕漏하여 有所廣益이요

將軍向寵은 性行이 淑均하고 曉暢軍事하여 試用於昔日에 先帝가 稱之曰 能이라. 是以로 衆議擧寵爲督하니 愚는 以爲營中之事는 事無大小히 悉以咨之하시면 必能使行陣이 和睦하고 優劣이 得所也리이다

親賢臣遠小人은 此 先漢所以興隆也요 親小人遠賢臣은 此後漢所以傾頹也라. 先帝가 在時에 每與臣으로 論此事하시고 未嘗不歎息痛恨於桓靈也러이다.

侍中尙書長史參軍은 此 悉貞亮死節之臣이니 願陛下는 親之信之하시면 則漢室之隆을 可計日而待也리이다.

侍中	한대漢代에 칙명勅命(황제의 명령)의 출납出納을 맡았던 문하성門下省의 장관長官으로 좌우左右의 둘이 있음
侍郎	한대의 벼슬 이름. 시중의 아랫자리로 궁중宮中의 호위를 주로 맡았음
簡拔	가려 뽑음
裨補	도와 부축하여줌
闕漏	이지러지고 새는 것
淑均	착하고 치우치지 않음
曉暢	환하게 알다. 어떤 사물의 이치에 통달한 것
督	대장大將. 큰 부대를 맡은 장수
行陣	군대
得所	제 자리(적절한 자리)를 얻음. '得其所'의 줄인 말
先漢	유방劉邦이 나라를 세운 후 200년 뒤 왕망王莽에게 망한 평제平帝까지의 시기를 말함
後漢	유수劉秀(광무제光武帝)가 왕망을 멸하고 세웠는데, 효헌제孝獻帝에 와서 조비曹丕에게 망하였음. 동한東漢이라고도 함
桓靈	후한後漢의 효환제孝桓帝와 효영제孝靈帝. 환관宦官의 발호가 심했던 시기임
侍中尚書	시중侍中의 속관屬官. 상서尚書는 조서詔書를 반포하는 임무를 맡은 벼슬이다. 이 글에서는 진진陳震이라는 인물
長史	한대의 삼공三公 아래에 있던 벼슬. 이 글에서는 장예張裔라는 인물
參軍	군사에 관한 일을 의논하는 데 참여하는 벼슬. 이 글에서는 장완蔣琬이라는 인물
貞亮	바르고 믿음직스럽다.

語法

未嘗不~於~	일찍이 ~에 ~을 않음이 없다.(~하였다.) 긍정을 나타내는 이중부정

| 可~而~也 | ~면서 ~할 수 있을 것이다. '而'는 순접順接의 구문에 쓰인 접속사 |

해석

시중侍中·시랑侍郎인 곽유지郭攸之·비위費禕·동윤董允 등은 모두 어질고 성실하며 생각이 충성스럽고 순수합니다. 이 때문에 선제께서 가려 뽑아 폐하께 물려주셨으니, 저는 생각건대 궁중宮中의 일은 일이 크고 작음 없이 모두 그들에게 자문한 뒤에 시행하시면 반드시 모자라는 점을 보충할 수 있어서 널리 이익되는 바가 있을 것입니다.

장군 상총向寵은 성품과 행실이 착하고 공평하고 군대에 관한 일에 환하게 알아서 지난 날 시험 삼아 써봄에 선제께서 그를 '능력이 있다'고 칭찬하였습니다. 이 때문에 여럿의 의견이 상총을 천거하여 대장大將으로 삼았으니, 저는 생각건대 진중陣中의 일은 일이 크고 작음 없이 그에게 자문하신다면 반드시 군대는 화목하게 하고 뛰어난 자와 못한 자들이 제 자리를 얻게 할 것입니다.

어진 신하를 가까이하고 소인小人을 멀리함, 이것이 선한先漢이 융성했던 까닭이요, 소인을 가까이 하고 어진 신하를 멀리함, 이것이 후한後漢이 기울어 무너진 까닭입니다. 선제께서 살아 계실 적에 매양 신과 함께 이 일을 의논하시고 일찍이 환제桓帝와 영제靈帝에 대해 탄식하고 아프게 한스러워 하지 않은 적이 없습니다.

시중상서侍中尙書, 장사長史, 참군參軍 이들은 모두 바르고 믿음직스러우며 절개를 지켜 죽을 신하들이니 원컨대 폐하께서는 이들을 가까이 하시고 이들을 믿으시면, 곧 한漢 황실皇室의 융성을 날짜를 꼽으며 기다리실 수가 있을 것입니다.

❸ 출시표(3)出師表(三)* ― 제갈량諸葛亮*

> 臣本布衣로 躬耕南陽하여 苟全性命於亂世요 不求聞達於諸侯러니 先帝가 不以臣
> 卑鄙하시고 猥自枉屈하사 三顧臣於草廬之中하사 咨臣以當世之事하시니 由是感
> 激하여 遂許先帝以驅馳러니 後値傾覆하여 受任於敗軍之際하시니 奉命於危難之
> 間이 爾來二十有一年矣라.

先帝가 知臣謹慎이라. 故로 臨崩에 寄臣以大事也하시니 受命以來로 夙夜憂歎하여 恐託付不效하여 以傷先帝之明이라. 故로 五月渡瀘하여 深入不毛러니 今南方이 已定하고 兵甲이 已足하니 當獎率三軍하여 北定中原이니

庶竭駑鈍하여 攘除姦兇하고 興復漢室하여 還于舊都는 此臣이 所以報先帝요 而忠陛下之職分也라. 至於斟酌損益하여 進盡忠言하여는 則攸之禕允之任也니 願陛下는 託臣以討賊興復之效하사 不效어든 則治臣之罪하사 以告先帝之靈하시고 (若無興德之言이면)* 責攸之禕允等之咎하여 以彰其慢하시며 陛下도 亦宜自謀하여 以諮諏善道하며 察納雅言하여 深追先帝遺詔하소서.

臣은 不勝受恩感激이리이다. 今當遠離에 臨表涕泣하여 不知所云이로소이다.

語句

布衣	이름 없는 선비라는 뜻. 벼슬하지 않은 사람
聞達	소문이 나고 출세하는 것
卑鄙	신분이 낮은 것
枉屈	귀한 사람이 몸을 굽히는 것
驅馳	분주히 군국軍國의 일에 힘을 다함. 본래는 말 따위를 몰아서 달리게 한다는 뜻
傾覆	나라가 망해가는 것. '値'는 '만나다, 당했다'는 동사. 유비가 208년(건안建安 13년) 당양當陽의 장판長阪에서 조조曹操에게 대패大敗한 것을 말함
受任	제갈량諸葛亮이 군수軍帥를 맡은 것
奉命	조조가 남쪽으로 내려오자, 제갈량이 사신使臣을 오吳나라에 보내 구원을 청한 일을 말함. 적벽대전赤壁大戰 때의 일
爾來	'以來'와 같음. '~한 때부터 지금까지'
二十一年	207년(건안 12년)에서 227년(건흥建興 5년)까지
夙夜	아침 일찍부터 밤늦게까지
五月渡瀘	225년(건흥 3년) 봄, 제갈량이 지금의 남쪽 귀주貴州 너머에 있는 노수瀘水를 건

너가서 남만南蠻을 정벌한 일

兵甲　무기와 갑옷

中原　북경北京을 중심으로 한 중국의 전통적인 중심지역. 당시 위魏가 차지하고
　　　있던 땅

駑鈍　어리석고 둔하여 쓸모가 없음. 자기의 재능을 낮추어 하는 말

損益　덜어내고 보태어줌. 『역경易經』 손괘損卦의 '손상익하損上益下'(위에서 덜어 아래
　　　에 더해주는 것)에서 나온 말로 백성을 잘 다스리는 요체이다.

諮諏　자문諮問과 같은 뜻

*본문 중 '(若無興德之言)' 구절은, 『고문진보古文眞寶』에는 없고 『문선文選』에만 있다. 그러나 앞뒤의 문맥文脈으로 보
　아 뜻을 분명하게 하기 위해서는 이 구절이 들어가는 것이 적당할 것 같다.

해석

신은 본래 이름 없는 선비로 몸소 남양南陽 땅에서 밭 갈면서 어지러운 세상에 구차하게
목숨이나 보전하고 제후諸侯에게 알려져 출세하는 것을 구하지 않았습니다. 그런데 선
제께서 저를 비루하다 생각지 않으시고 송구스럽게도 스스로 굽히셔서 세 번씩이나 오
두막으로 신을 찾으시고 신에게 이 시대의 일을 자문하시니 이로 말미암아 감격하여 드
디어 선제께 힘을 다할 것을 허락하였더니 뒤에 나라가 엎어질 판국을 만나서 군사가
패한 즈음에 임무를 받고 나라가 위험한 때에 왕명을 받든 것이 21년이 되었습니다.

선제께서 신이 신중함을 아셨습니다. 그래서 돌아가실 때에 신에게 큰일을 부탁하셨습
니다. 명령을 받은 이래로 밤낮으로 걱정하고 탄식하여 부탁받은 일을 다하지 못하여
선제의 밝으심을 상하게 할까 두려워했습니다. 그래서 오월에 노수瀘水를 건너서 불모不
毛의 땅에 깊이 들어갔습니다. 이제 남방南方은 이미 평정되었고 무기와 갑옷도 너넉하
니 마땅히 삼군三軍을 격려하여 거느리고 북쪽으로 중원中原을 평정해야 할 것입니다.

어리석고 둔함을 다하여 간흉姦兇을 쳐 없애고 한나라 황실을 다시 일으켜서 옛 도읍으
로 돌아가는 것이 이 신하가 선제께 보답하고 폐하께 충성하는 바의 직분입니다. 덜어
낼 것과 보태어줄 것을 헤아려서 충성스런 말을 드리는 것에 이르러서는 곽유지·비위

·동윤의 소임입니다. 원하옵건대 폐하께서는 적을 쳐서 다시 일으키는 임무를 저에게
맡기시어 다하지 못하거든 저의 죄를 다스려서 선제의 영혼에 알리시고, (만약 덕을 일으키
는 말이 없다면) 곽유지·비위·동윤 등의 허물을 꾸짖어 그들의 태만함을 밝히시며, 폐하께
서도 스스로 도모하시어 옳은 길을 물으시며 바른 말을 살펴 받아들이시어 선제께서 남
기신 명령을 깊이 따르소서.

신은 은혜를 받아 감격함을 이기지 못하겠습니다. 이제 멀리 떠나면서 표表를 앞에 놓고
눈물이 흘러서 아뢸 바를 알지 못하겠습니다.

감상과 비평

이 글에는 유비劉備의 삼고초려三顧草廬했던 정성과 그의 붕어에 즈음하여 무거운 유촉遺
囑에 대한 감격과 후주後主에게 바치는 충애忠愛의 정, 그리고 천하天下를 평정하여 한漢의
정통正統을 잇겠다는 충정이 가슴속으로부터 우러나와 전편全篇에 흐르고 있다. 특히 끝
마무리의 '今當遠離 臨表涕泣 不知所云'의 구절에 와서는 짧은 표현 속에서도 애절의
도가 극에 달해 있다. 문인文人의 글과는 다르면서, 간결한 표현과 절실한 충정이 흠뻑
배어 있는 문장이다. 예부터 「출사표出師表」를 읽고 울지 않는 사람은 충신이 될 자격이
없다는 말이 있었다.

---

*「출사표出師表」　군대를 동원하여 적을 치러나갈 때 올리는 글이란 뜻으로, 이때는 위魏나라를 치러 나갈 때 유비를
이어 황제가 된 유선劉禪에게 올린 것이다. 표表는 천자에게 올리는 문체文體의 하나로 이 글은 「출사
표」의 전문이다. 명문장으로 알려진 이 글을 완전히 습득하면 문장 이해에 큰 도움이 될 것이다.

*제갈량諸葛亮　촉한蜀漢의 정치가로 유비劉備를 도와 촉한을 세우고 유비가 죽은 뒤 승상이 되었다.

육도삼략六韜三略*

武王이 問太公曰 "論將之道는 奈何오?" 太公이 曰 "將有五材니이다." 武王이 曰 "敢問其目하노이다."

太公이 曰 "所謂五材者는 勇智仁信忠也니 勇則不可犯이요 智則不可亂이요 仁則 愛人이요 信則不欺人이요 忠則無二心이니이다."

語句

武王 주周나라를 세운 임금

太公 성명은 여상呂尙. 주나라에 공을 세워 강姜의 태공太公이 되어서 '강태공'이라고도 부름

五材 다섯 가지 재목

語法

論將之道 장수의 도에 대해서 논한다. 之는 ~하는~

勇則~ 용맹하면~(가정법)

---

*『**육도삼략**六韜三略』 중국 병서兵書의 하나. 육도六韜는 강태공, 삼략三略은 황석공黃石公이 지었다고 하나 대개 하나로 묶어 말한다.

將 장차 장, 장수 장, 거느릴 장, 나아갈 장

① 將 '장차', '바야흐로'. 미래未來를 나타내는 시제時制부사

: 李白乘舟將欲行 이백이 배를 타고 (막) 떠나려 하다.

② 將 '장수' (명사)

: 强將之下無弱卒 강한 장수 밑에는 약한 병졸이 없다.

③ 將 '거느리다' (동사)

: 將軍擊趙 군사를 거느리고 조나라를 치다.

④ 將 '나아가다' (동사)

: 日就月將 학문이 날로 달로 진보함

哉 어조사 재, 비롯할 재

① 哉 의문이나 반어를 나타내는 조사 (종결사)

: 天實爲之 謂之何哉? 하늘이 실제로 이를 하셨으니, 이것을 무엇이라 이르리 오?

: 安可不悲哉 어찌 슬프지 않을 수 있으랴?

② 哉 감탄을 나타내는 조사 (종결사)

: 小不忍而亂大謀, 惜哉! 작은 것을 참지 못하고 큰 계획을 어지럽히다니, 아 깝도다.

③ 哉 비로소, 처음으로. '才'와 같이 씀

: 哉生明 달의 밝은 부분이 처음 생긴다는 뜻으로, 음력 초사흗날

: 哉生魄 달의 검은 부분이 처음 생긴다는 뜻으로, 음력 열엿샛날

여러 제, 어조사 제

① 諸 '여러', '모든'

: 諸行無常 우리가 살고 있는 우주의 만물은 항상 변하여 같은 모습으로 늘 정착하여 있지 않다는 뜻

② 諸 '之'와 '於' 두 음音을 합친 것으로 '之於'와 같은 뜻으로 쓰이고, '저'로 읽는다.

: 存諸心中 늘 그것을 마음에 두다.

: 行有不得者 皆反求諸己 행하는 것이 뜻대로 되지 않음이 있으면 그 원인을 다 자기에게서 찾아라.

③ 諸 '之'와 '乎' 두 음音을 합친 것으로 의문을 나타내는 조사(종결사)

: 聞斯行諸? 들은 대로 곧 그것을 행해야 합니까?

七步之詩 칠보지시

일곱 걸음[七步] 걷는 사이에 지은 시詩란 뜻으로, 훌륭한 시재詩材를 비유하는 말. 『세설世說』에 전하는 일화로 조조曹操의 아들 조비曹丕가 그 동생인 조식曹植에게 명하여 일곱 걸음을 걸어가는 동안 시를 짓지 못하면 죽인다고 하니, 조비가 일곱 걸음을 옮겨놓는 동안에 조식이 시를 지었다는 데서 나온 말이다.

연습 문제

1. 다음 문장을 읽고 물음에 답하시오.

宮中府中이 俱[⊙]爲一體라 陟罰臧否[ⓒ]를 不宜異同[ⓒ]이니 若有作奸犯科[ⓔ]와 及爲忠善者어든 宜^⑩付有司하여 論其刑賞하여 以昭[ⓑ]陛下의 平明之理요 不宜偏私하여 使內外[Ⓐ]異法也.

1) 밑줄 친 ⊙, ⑩, ⓑ의 품사와 그 뜻을 쓰시오.

2) ⓛ, ⓒ, ⓔ의 뜻을 쓰시오.

3) 밑줄 친 Ⓐ은 무엇을 가리키는 것인가? 문장 속에서 찾아서 그대로 쓰시오.

2. 다음 문장을 읽고 물음에 답하시오.

侍中侍郎郭攸之 費褘 董允等은 此皆良實하고 志慮가 忠純이라. 是以로 先帝가 簡拔[⊙]하사 以遺陛下하시니 愚[ⓒ]는 以爲[ⓒ]宮中之事를 事無大小히 悉以咨之[ⓔ]然後에 施行하시면 必能裨補闕漏^⑩하여 有所廣益[ⓑ]이요.

1) ⊙, ⓒ, ⑩, ⓑ의 뜻을 쓰시오.

2) ⓒ은 누구를 가리키는가?
　① 劉備　② 後主　③ 諸葛亮　④ 郭攸之

이이화의 한문공부

3) 밑줄 친 ㉣이 가리키는 것은 무엇인가? 문장 속에서 해당되는 부분을 찾아서 맨 앞글 자와 뒷글자를 쓰시오.

3. 다음 문장을 읽고 물음에 답하시오.

> 臣本布衣 躬耕㉠南陽 苟全性命於亂世 不求聞達於諸侯 先帝 不以臣卑鄙㉡ 猥自枉 屈㉢ 三顧臣於草廬之中, 咨臣以當世之事.

1) 위의 글에서 필자가 유비劉備를 만나기 전까지의 상황을 나타내는 부분이 있다. 해당 되는 부분을 찾아 맨 앞글자와 뒷글자를 적으시오.

2) ㉠, ㉡, ㉢의 뜻은?

3) 위 글에 나오는 유명한 고사故事를 네 자로 쓰시오.

4. 다음 문장을 해석하시오.
   ① 忠志之士 忘身於外
   ② 親小人遠賢臣 此後漢所以傾頹也
   ③ 漢室之隆 可計日而待也
   ④ 當獎率三軍 北定中原

해답 解答

1장 입문

1. 한자의 기원과 전래

해석 연습

1. 우리들은 이에 우리 조선의 독립국임과 조선인의 자주민임을 선언하노라. 이로써 세계만방에 알려서 인류평화의 큰 뜻을 뚜렷하게 밝히며, 이로써 자손만대에 깨우쳐 민족자존의 올바른 권리를 영원히 갖게 하노라.

2. 이는 하늘의 명령이며, 시대의 대세이며, 전 인류의 함께 살아갈 권리의 정당한 발동이라, 천하의 어떠한 것이라도 이를 저지 억제하지 못할지니라.

3. 위력의 시대가 가고 도의의 시대가 왔도다. 과거 전 세기에 걸쳐 연마되고 오랫동안 길러져왔던 인도적 정신이 바야흐로 신문명의 서광을 인류의 역사에 비추기 시작하도다.

4. 우리들이 이에 떨쳐 일어나도다. 양심이 우리와 함께 있으며, 진리가 우리와 같이 나란히 나아가는 도다.

연습 문제

1. ① ㅂ ② ㄹ ③ ㄷ
2. ① ㄱ ② ㅁ ③ ㄷ ④ ㄹ ⑤ ㄴ ⑥ ㅂ ⑦ ㅅ
3. ① 회고 ② 부지불식간 ③ 화사 ④ 희망 ⑤ 영향 ⑥ 만족
4. ① 發展 ② 象形文字 ③ 大綱 ④ 歷史 ⑤ 編纂 ⑥ 起源
5. ① 于 → 干 ② 壞 → 壤 ③ 徙 → 徒 ④ 眼 → 眠 ⑤ 貧 → 貪 ⑥ 逐 → 遂
6. ① ㄴ ② ㄱ ③ ㄷ ④ ㅁ ⑤ ㅂ ⑥ ㄹ
7. ① 구결口訣 ② 향찰鄕札 ③ 이두吏讀
8. ① 임꺽정 ② 엇시조 ③ 신돌석 ④ 전답 ⑤ 대지
9. 이두吏讀
10. ㄹ, ㄴ, ㅂ

2. 육서六書

해석 연습

1. 자유가 없는 사람은 죽은 해골과 같고 평화가 없는 자는 가장 고통스러운 자다. 압박을 당하는 자의 주위의 공기는 무덤으로 변하고, 다투어 빼앗기를 일삼는 자의 지역은 지옥이 되나니, 우주의 이상적인 가장 행복한 실재는 자유와 평화다.

2. 그러므로 자유를 얻기 위해서는 생명을 기러기 깃털처럼 보고, 평화를 지키기 위해서는 희생을 단 엿처럼 맛보나니, 이는 사람의 권리인 동시에 또한 의무일지로다.

3. 자유를 얻기 위해서는 어떠한 대가도 아끼지 않나니, 곧 생명을 걸더라도 사양하지 아니할지라.

4. 민족자결은 세계평화의 근본적인 해결이다. 민족자결주의가 성립되지 못하면, 어떻게든 국제연맹을 체결하여 평화를 보장할지라도 마침내는 물거품으로 돌아갈지라.

연습 문제

1. ③

2. ① ㄷ ② ㅁ ③ ㅂ ④ ㄱ ⑤ ㄴ ⑥ ㄹ

3. ① 上 ② 本 ③ 末 ④ 天 ⑤ 下

4. ① 물(氵) ② 말(言) ③ 손으로 하는 행동(扌) ④ 재물(貝)

5. ① ㅂ ② ㄴ ③ ㄱ ④ ㅁ ⑤ ㄹ ⑥ ㄷ

6. ④

7. ②

8. ②

9. ③

10. ① 견학, 알현 ② 선악, 증오 ③ 교역, 난이 ④ 갱생, 경개 ⑤ 논설, 유세 ⑥ 부활, 왕복

3. 부수部首와 자전 활용字典活用

해석 연습

1. 상업은 또한 국가의 큰 근본이다. 그 관계의 중대함이 농사지음에 뒤지지 않으며, 정부의 넉넉함과 인민의 번성함이 실상은 이 방법으로써 하지 않으면 그 이룸이 불능하니라.

2. 만약 상업을 하는 자가 공부 없이 다른 나라 상업의 공부한 자를 대하면, 이는 낫 놓고 ㄱ자도 모르는 촌사람이 유식한 학자와 마주 앉아서 문장을 토론함과 같을지라.

3. 대개 개화라고 하는 것은 세상의 모든 사물이 지극히 훌륭하고 지극히 아름다운 지경에 이름을 이르는 것이니, 그러한 까닭으로 개화하는 한계는 한정할 수 없는 것이다.

4. 천하고금의 어느 나라를 돌아보더라도 개화의 최고도에 도달한 지경에 이른 나라는 없으나, 그러나 대강 그 등급을 구별하건대 세 등급에 지나지 않으니, 이른바 개화한 자이며, 이른바 반만 개화된 자이며, 이른바 개화되지 않은 자이다.

연습 문제

1. ④

2. ① ㅁ ② ㄷ ③ ㄴ ④ ㄹ ⑤ ㄱ

3. ③

4. ① 丶 ② 二 ③ 辰 ④ 止 ⑤ 弓 ⑥ 巾

5. ① ㉠ ② ㉢ ③ ㉡

6. ① 氵(水), 3획 ② 貝, 4획 ③ 夊, 7획 ④ 目, 4획 ⑤ 一, 2획 ⑥ 弓, 4획

7. ① 획수 ② 뇌물 ③ 납치 ④ 도야 ⑤ 누설 ⑥ 색인

8. ① 構成 ② 洞察 ③ 秋毫 ④ 役割 ⑤ 暴惡 ⑥ 變形

9. ②

10. 1) ㉠ 木 ㉡ 牛(牛) ㉢ 土

　　2) ㉣ 手 ㉤ 火

4. 자획字劃과 필순筆順

해석 연습

1. 민족의 흥성하고 쇠망함은 매양 그 사상의 추세가 어떠한가에 달린 것이며, 사상의 추세가 혹은 왼쪽으로 가고 혹은 오른쪽으로 감은 매양 어떤 종류의 사건의 영향을 입는 것이다.

2. 생각건대, 한국 동포는 민족주의를 크게 떨쳐 일으켜서 '우리 민족의 나라는 우리 민족이 스스로 맡아 처리한다' 라는 한 구절로써 몸을 지키는 부적을 만들어 민족을 보전할지어다.

3. 과거의 희망 없었던 것으로 그 고통이 이러한 극한에 이미 도달하였거늘, 현재에도 희망이 없으면 미래에 고통이 장차 또 어느 지경에 이르리오. 힘쓸지어다, 우리 한국인아.

4. 애국자가 있는 나라는, 비록 약하나 반드시 강해지며, 비록 쇠잔하나 반드시 번성할 것이며, 비록 망하나 반드시 일어날 것이며, 비록 죽으나 반드시 살아날 것이니, 지극하여라 애국자여, 성스러워라 애국자여.

연습 문제

1. ③

2. ① 1획 ② 4획 ③ 5획 ④ 7획 ⑤ 8획 ⑥ 13획

3. ②

4. ④

5. 위에서 아래로

6. ① 筆順 ② 特殊 ③ 同胞 ④ 趨向 ⑤ 影響 ⑥ 奮發

7. ③

8. ① 廣 ② 黨 ③ 獨 ④ 禮 ⑤ 萬 ⑥ 傳

9. ① 価 ② 仏 ③ 乱 ④ 旧 ⑤ 対 ⑥ 体

10. 1) 發

　　2) 一

5. 한자의 특성

해석 연습

1. 무릇 나라는 형체요, 역사는 정신이라. 정신이 존재하여 없어지지 않는다면, 형체가 때가 되어서 다시 살아날 것이리라.

2. 무릇 세력은 지혜에서 발생하고 지혜는 학문에서 나오는 까닭에, 현재 세계의 문명화되고 부강한 국민 은 각각 그 학업을 힘써서 그 지식을 늘린 효과이니 어찌 다른 데서 구할 수 있으랴.

3. 심문 : 너는 해를 입음이 없는데 소란을 일으킴이 무슨 까닭인가?

   진술 : 개인의 해를 위하여 기포起包함이 어찌 남자의 일이 되리오. 민중이 억울해하고 탄식하는 까닭 으로 백성을 위하여 해를 없애고자 함이다.

4. 심문 : 동학이란 것은 무슨 중요한 뜻이고 무슨 도학인가?

   진술 : 마음을 지켜서 충효로 근본을 삼아 나라를 돕고 백성을 편안하게 하자는 것이다.

   심문 : 너도 동학을 몹시 좋아하는 자인가?

   진술 : 동학은 마음을 지키고 하늘을 공경하는 도인 까닭에 몹시 좋아한다.

연습 문제

1. ① ㉢ ② ㉣ ③ ㉠ ④ ㉢ ⑤ ㉡
2. ④
3. ③
4. ① 상형象形 ② 형성形聲 ③ 지사指事 ④ 회의會意
5. ① 𠂤, 反 ② 貝, 戔 ③ 礻, 皮 ④ 言, 靑 ⑤ 氵, 良 ⑥ 心, 亡
6. 형形, 음音, 의義
7. ① 장애 ② 흠모 ③ 갈구 ④ 근거 ⑤ 포섭
8. ① 知識 ② 目的 ③ 理性 ④ 活動
9. 풍류 악, 좋아할 요
10. 1) ④

    2) 형성形聲, 회의會意

    3) ②

2장 기초

1. 단어의 구성

해석 연습
1. 뜻이 있는 자는 일이 마침내 이루어진다.
2. 덕이 있는 사람은 외롭지 않으니 반드시 이웃이 있다.
3. 지극한 즐거움은 책을 읽음만 같음이 없다.
4. 살기를 바라는 사람은 반드시 죽고, 죽기를 기약하는 사람은 살 수 있다.
5. 오이를 심으면 오이를 얻고, 콩을 심으면 콩을 얻는다.
6. 세 사람이 가면 반드시 나의 스승이 (될 만한 이가) 있다.

연습 문제
1. ③
2. ②
3. ① ㄷ　② ㄴ　③ ㄱ　④ ㄹ
4. ④
5. ①
6. ④
7. ① 肅然　② 浪漫　③ 貴賤　④ 關係　⑤ 修飾　⑥ 選擇
8. 1) ②
   2) ③
   3) ④
9. ① 사람으로서 미더움이 없으면 그 쓸 만함을 알지 못하겠다.
   ② 물결이 잔잔하고 바람이 순하니 배를 가게 할 수 있다.
   ③ 사람의 용모는 미운 것을 고쳐서 곱게 만들 수 없다.
10. 1) ③
    2) 마침내
    3) ①
    4) ①

2. 문장의 성분

해석 연습

1. 사람의 일을 다하고 난 뒤에 천명을 기다려라.
2. 어리석은 자라도 천 번을 생각하면 반드시 한 가지쯤의 (좋은 생각을) 얻음이 있느니라.
3. 상대편을 알고 자기 자신을 알면 백 번 싸워도 위태롭지 않다.
4. 범의 굴에 들어가지 않으면 범의 새끼를 얻지 못한다.
5. 집이 가난해지면 어진 아내를 생각하고, 나라가 어지러워지면 어진 재상을 생각한다.
6. 밭 가는 것은 마땅히 남자 종에게 물어야 하고, 베 짜는 것은 마땅히 여자 종에게 물어야 한다.

연습 문제

1. 1) ① 주어 ② 술어 ③ 보어
   2) ① 주어 ② 술어 ③ 목적어 ④ 보어
   3) ① 주어 ② 술어 ③ 목적어 ④ 보어
   4) ① 주어 ② 술어 ③ 목적어
2. ① ㄴ ② ㄱ ③ ㄹ ④ ㄷ
3. 於
4. ① ㄹ ② ㄱ ③ ㄷ
5. ① 吾身 ② 舊林 ③ 大勇 ④ 吾
6. ① 현, 나타나다 / 견, 보다 ② 경, 고치다 / 갱, 다시
   ③ 도, 법도 / 탁, 헤아리다 ④ 악, 나쁘다 / 오, 미워하다
7. ① 좋은 약은 입에 쓰다. ② 기쁘거나 성내는 기색을 나타내지 않는다.
8. ④
9. ① 保障 ② 優越 ③ 異端 ④ 病弊
10. ① 天命 ② 愚者 ③ 良相 ④ 百戰

3. 한문의 어순語順

해석 연습

1. 분수를 편안히 여기면 몸에 욕됨이 없고, 기틀을 알면 마음이 저절로 한가해진다.
2. 산속의 도적은 쳐부수기 쉬우나, 마음속의 도적은 쳐부수기 어렵다.
3. 굳센 칼은 비록 날카롭기는 하나, 죄가 없는 사람은 베지 않는다.
4. 충신은 두 임금을 섬기지 아니하고, 열녀는 두 지아비를 바꾸지 아니한다.
5. 말 타면 종 거느리고 싶다.
6. 군자의 사귐은 맑아서 물과 같고, 가난하고 미천할 때의 사귐은 잊을 수 없다.

연습 문제

1. ① 문익점이 목화를 처음 심었다. 文益漸
   ② 산과 구름이 모두 희다. 山與雲
   ③ 군자의 말은 적으나 참되다. 君子之言
   ④ 부지런함은 값으로 따질 수 없는 보배이다. 勤

2. ① 易 ② 爲 ③ 不可忘 ④ 勿聽焉

3. ③

4. ① 보어 ② 보어 ③ 목적어 ④ 목적어

5. ① 대명사 / 동사 ② 동사 / 명사

6. ④

7. ① ⓛ ② ⓜ

8. ①

9. ① 까닭 / 옛것 ② 구차하게 / 진실로

10. 1) 事
    2) ⓛ 경 : 고치다 ⓒ 솔 : 거느리다
    3) ④

4. 성분의 생략省略**과 도치**倒置 --

해석 연습

1. 진실로 날마다 새롭게 하려거든, 날로 새롭게 하며 또한 날마다 새롭게 한다.
2. 나의 좋은 점을 말하는 사람은 바로 나의 적이요, 나의 나쁜 점을 말하는 사람은 바로 나의 스승이다.
3. 부모께서 살아 계시거든 멀리 가서 놀지 아니하며, 놀더라도 반드시 방향(을 알림)이 있어야 한다.
4. 몸과 머리털, 피부는 부모에게서 이를 받은 것이니, 감히 헐고 상하게 하지 아니함이 효도의 시작이다.
5. 반드시 일에 앞서 위태로움을 막을 것이요, 위태로움에 임하여 요행을 바라지 말라.
6. 옥은 쪼아내지 않으면 그릇이 되지 못하고, 사람이 배우지 않으면 도리를 알지 못한다.

연습 문제

1. ③
2. ②
3. ① ⓒ ② ⓐ ③ ⓛ
4. ① ⓛ ② ⓔ ③ ⓒ ④ ⓐ
5. ②
6. ②
7. ① 輕蔑 ② 智慧 ③ 裁量 ④ 筆頭 ⑤ 背景 ⑥ 屈服感

8. ①

9. ① 舟 ② 草 ③ 鳴 ④ 世

10. 1) ㉠ 진실로 ㉡ 날마다 새롭게 하다.

    2) ㉢ 말하다, 동사 ㉣ 도리, 명사

5. 한문 해석解釋과 현토懸吐

해석 연습

1. 군자는 글로써 벗을 모으고 벗으로써 인을 보탠다.

2. 나무는 고요하고자 하나 바람이 그치지 않고, 자식은 (어버이를) 봉양하고자 하나 어버이는 기다리시지 않는다.

3. 소인의 배움은 귀로 들어가서는 입으로 나온다.

4. 자식에게 천금을 주는 것이, 자식에게 한 가지 재주를 가르쳐주는 것만 같지 못하다.

5. 권세로 사귄 자들은 권세가 기울어지면 끊어지고, 이익으로 사귄 자들은 이익이 다하면 흩어진다.

6. 검소한 것을 숭상하는 것은 복을 여는 근원이요, 사치한 것을 좋아하는 것은 가난을 일으키는 조짐이다.

연습 문제

1. ① ㉣,㉥ ② ㉤,㉦ ③ ㉡ ④ ㉢,㉠

2. ① 영웅이 때를 만들도다.

    ② 자기가 하고자 하지 않는 바를 남에게 베풀지 마라.

    ③ 어찌 혼자 즐길 수 있으랴?

    ④ 사람의 성품은 악하니, 그 선한 것은 거짓이다.

3. ① 을 ② 하니 ③ 하면 ④ 하다 ⑤ 에 ⑥ 이

4. ① ㉣ ② ㉡ ③ ㉢ ④ ㉤

5. 1) ㉠ 은 ㉡ 하고 ㉢ 니라

    2) 多, 虛

6. ① 克服 ② 追求 ③ 規範 ④ 固定

7. ②

8. ④

9. ① 어찌 ② 편안하다 ③ 차라리

10. 1) ① 부지 : 그치지 않다. ② 불여 : ~만 같지 못하다.

    2) 則

3장 문법 (1)

1. 명사 名詞·대명사 代名詞

해석 연습

1. 본명은 약용이라 부르고, 자는 미용이라 부르며, 당호는 여유라 한다. 영종 임오 6월 16일에 열수(북한강)의 위쪽 마현 마을에서 태어났다.
2. 아들이 효도하면 어버이가 즐겁고, 가정이 화목하면 모든 일이 이루어진다.
3. 이익이 되는 것이 세 가지 벗이 있고, 손해가 되는 것이 세 가지 벗이 있으니, 곧은 이를 벗으로 하고, 진실한 이를 벗으로 하고, 아는 것이 많은 이를 벗으로 하면 유익하다.

연습 문제

1. ① 주어 성분: 孔子, 술어 성분: 聖人(也)
   ② 주어 성분: 鷄, 술어 성분: 鳴
2. 子爲誰 → 주어+술어+보어
   Who are you? → 보어+술어+주어
3. ① 고유명사 ② 명사
4. ① 我, 予, 吾等 ② 汝, 乃, 子 ③ 彼, 其, 夫
5. ① 주어 ② 술어 ③ 목적어
6. ④

2. 동사 動詞·형용사 形容詞

해석 연습

1. 자기가 하고 싶지 않은 바를 남에게 베풀지 마라.
2. 천하에 모두가 높이는 것이 세 가지 있으니 벼슬이 하나요, 나이가 하나요, 덕이 하나니라. 저들이 부유함으로 하거든 나는 나의 어짐으로 대하고, 저들이 벼슬로 대하거든 나는 나의 의로움으로 대할 것이니라.
3. 지금 세속에 오계가 있으니, 첫째는 임금을 충성으로 섬기고, 둘째는 어버이를 효도로 섬기고, 셋째는 벗을 믿음으로 사귀고, 넷째는 싸움에 나아가서 물러남이 없고, 다섯째는 산 것을 죽일 적에 가림이 있는 것이니, 너희들은 그것을 행함에 소홀하지 마라.

연습 문제

1. ① 知, 戰 ② 有
2. ①
3. ① 短 ② 賢
4. ① ㉠ 형용사 ㉡ 동사 ② ㉠ 동사 ㉡ 명사
5. ① 어른, 우두머리 ② 길다
6. 1) 의문대명사
   2) 술어
   3) 1인칭

3. 부사副詞·접속사接續詞

해석 연습

1. 효라는 것은 백 가지 행실의 근본이니라.
2. 죽은 뒤에 제사 지내는 것은 살아 계실 때에 잘 봉양하는 것만 같지 못하느니라.
3. 마음에 있지 않으면, 보려고 해도 보이지 않으며, 들으려 해도 들리지 않으며, 먹어도 그 맛을 알지 못한다.

연습 문제

1. ① 徐 ② 晩
2. ① 而 ② 與 ③ 與
3. ① ~하고, ~하면서 ② ~하나, ~하지만
4. ③, ④
5. ③

4. 전치사前置詞·후치사後置詞

해석 연습

1. 백성이 오직 나라의 근본이니, 근본이 견고해야 나라가 편안해지느니라.
2. 배우는 것에 틈나지 않는다고 말하는 사람은 틈나더라도 배울 수가 없다.
3. 병력을 쓰는 법은 (적의) 나라를 온전하게 점령하는 것이 상책이 되고, (적의) 나라를 깨뜨려 점령하는 것이 그 다음이니라.
4. 순임금은 양쪽 끝을 잡아서 (다른 두 가지 주장이나 생각) 그 가운데를 백성들에게 베풀었다.

연습 문제

1. ① 于, 於, 自 ② 之, 由, 從
2. ① 전치사 ② 후치사 ③ 전치사
3. ① ~한 ② ~의

5. 조사助詞·감탄사感歎詞

해석 연습

1. 덕은 근본이요 재물은 말단이니, 근본 되는 것을 밖으로 하고 말단이 되는 것을 안으로 한다면, 백성들을 서로 다투게 하고 빼앗게 만드는 것이다.
2. 사람으로서 오상을 알지 못하면 금수와의 차이가 그리 멀지 않게 된다.
3. 옛날의 나라를 도모하던 자는 반드시 먼저 백성을 가르치고 백성을 사이좋게 하였다.
4. 나는 너의 구슬을 훔치지 않았는데도 너는 나를 때린다.

연습 문제

1. 조사: 哉, 감탄사: 嗚呼
2. 단정, 강조, 의문
3. ㉠ 강조 ㉡ 단정
4. ③
5. ① 명사, 대명사, 동사, 형용사, 부사.
   ② 접속사, 전치사, 후치사, 조사, 감탄사.

4장 문법 (2)

1. 평서문 平敍文·의문문 疑問文

해석 연습
1. 부유함과 귀함은 사람들이 하고자 하는 바이지만, 그 정당한 방법으로 얻지 않으면 처하지 않아야 한다.
2. 천천히 가면 죽음을 면하고, 빨리 가면 화가 미치느니라.
3. 임금은 신하를 예로써 부리고, 신하는 임금을 충성으로써 섬긴다.
4. 천하에 모두가 높이는 것이 세 가지 있으니, 벼슬이 하나요, 나이가 하나요, 덕이 하나이니, 조정에선 벼슬만 한 것이 없고, 향당에선 나이만 한 것이 없고, 세상을 돕고 백성을 자라게 하는 데에는 덕만 한 것이 없나니, 어찌 그 하나(벼슬)를 얻고서 그 둘 가진 사람을 소홀히 할 수 있겠는가.

연습 문제
1. ① 의문문 ② 평서문
2. ① 何 ② 何
3. ① 평서문 ② 의문문
4. ① 주어: 我, 술어: 韓國人 ② 주어: 天地, 술어: 玄黃
5. ① 술어: 讀, 목적어: 書 ② 술어: 習, 목적어: 字
6. ① 술어: 爲, 보어: 雨 ② 술어: 沒, 보어: 于西山.

2. 반어문 反語文·부정문 否定文

해석 연습
1. 벗이 먼 곳으로부터 오면 또한 즐겁지 아니한가?
2. (돌아가신 뒤에) 3년을 아버지의 길을 고치지 말아야 효도라고 이를 수 있다.
3. 아아, 하늘이 나를 버리셨도다.
4. 아아, 나라의 치욕과 백성의 욕됨이 여기에 이르렀도다.
5. 대장부가 세상에 나서, 나라에 쓰이면 죽음으로 나라에 보답하고, 쓰이지 못하면 들에서 밭을 갈아도 만족하니라. 권세 있고 귀한 이에게 붙어서 한때의 영화를 얻는 일은 나는 하지 않을 것이다.

연습 문제

1. 반어문

2. ① 豈 ② 豈

3. ① 부정문 ② 반어문

4. ① 不 ② 非, 不

5. ④

6. ① 豈 ② 何 ③ 不 ④ 無, 非

3. 사역문 使役文 · **수동문** 受動文

해석 연습

1. 푸름은 쪽에서 나왔지만 쪽보다 푸르다.

2. 덕으로 남을 복종시키는 것은 마음이 기뻐하여 진실로 복종하느니라.

3. 측은해하는 마음은 인의 단서요, 부끄러워하는 마음은 의의 단서요, 사양하는 마음은 예의 단서요, 옳고 그름을 따지는 마음은 지의 단서이다.

4. 예전에 저공이 도토리를 아침에 세 개 저녁에 네 개 주었더니 뭇 원숭이가 성내다가, 아침에 네 개 저녁에 세 개 주었더니 뭇 원숭이가 기뻐하더라. 저공이 "아침에 네 개 저녁에 세 개 주면 만족하는가?"라고 말했다.

연습 문제

1. ① 죽은 공명이 산 중달을 달아나게 하다. → 사역문

   ② 죽은 공명이 산 중달로 하여금 달아나게 하다. → 사역문

2. ②

3. ① 피동문 ② 피동문

4. ④

5. ① 爲, 所 ② 見

6. ① 令 ② 使

4. 금지문 禁止文 · **비교문** 比較文

해석 연습

1. 남이 알아주지 않아도 성내지 아니하면 또한 군자가 아니겠는가?

2. 예는 사치스럽기보다는 차라리 검소한 것이 낫다.

3. 예가 아니면 보지 말고, 예가 아니면 듣지 말고, 예가 아니면 말하지 말고, 예가 아니면 움직이지 말라.

4. 부여는 정월에 하늘에 제사하되, 온 나라 사람이 크게 모여서 날마다 술 마시고 노래하고 춤추니, 이를 이름하여 영고라고 한다. 이때에 형벌을 중단하고 갇힌 죄수를 풀어주었다.

연습문제
1. ① 금지문 ② 비교문
2. ① 勿 ② 無
3. ① 비교문 ② 비교문
4. 차라리
5. ④
6. ① 不 ② 不 ③ 勿 ④ 毋

5. 가정문 假定文 · **도치문** 倒置文

해석 연습
1. 길에서는 떨어진 것을 줍지 않고, 산에는 도둑이 없었다.
2. 아침에 도를 들으면 저녁에 죽어도 좋으니라.
3. 선을 쌓은 집은 반드시 남는 경사가 있고, 불선을 쌓은 집은 반드시 남는 재앙이 있느니라.
4. 공자께서 말씀하시기를 나는 열다섯 살에 배움에 뜻을 두었고, 30에 신념이 섰고, 40에 의혹되지 아니했고, 50에 천명을 알았고, 60에 이순했고, 70에 마음에 하고자 하는 바를 따라서 법도에 어긋남이 없었다.
5. 동쪽에 처음에는 군장이 없더니 어떤 신인이 태백산의 박달나무 아래에 내려오느니라. 나라 사람이 그를 세워 임금으로 삼으니 이 분이 단군이 되느니라.

연습문제
1. ① 巧言令色 鮮矣仁 ② 甚矣 吾衰也
2. 朝聞道의 앞, 곧 若朝聞道
3. ① 命虞美人起舞 ② 俾民遵法
4. 1) ㉣
   2) ㉠ ··와 같다 ㉡ 너(너희) ㉢ 젊다 ㉣ 만약

5장 응용

1. 역사와 인물 ❶

해석 연습

1. 한 나라의 군사로서 신라와 당나라의 대군을 마주하니 나라의 종속과 멸망을 알지 못하니라. 처자를 빼앗기게 되어 노비가 될까 두려우니, 그 살아서 욕됨보다는 죽어서 깔끔함만 같지 못하다.

2. 옛날에 구천은 5천 명으로써 강력한 오나라의 70만 무리를 쳐부수니, 오늘 너희들은 마땅히 각각 마음과 힘을 떨쳐 마지막 승부를 결정하여 그로써 나라의 은혜를 갚으라.

연습 문제

1. ① 드디어 ② 처음에

2. 1) 음: 강, 뜻: 내려오다

   2) ㉡ → ③, ㉢ → ①

3. ① 처음 평양에 도읍했다가 뒤에 백악에 옮겨 도읍했다.

   ② 아사달산에 들어가 신이 되었다.

   ③ 그 미워하는 자에게서 빼앗아 좋아하는 사람에게 준다.

4. ① ~에 이르기까지 ② 지극히 ③ 이르다

5. ㉱, ㉡, ㉣

6. 1) 당태종의 깃발과 일산日傘을 가리킴, 즉 황제를 상징하는 것

   2) 세적은, 성을 정복하는 날에 (성안의) 남자들은 모두 (땅에) 묻어 죽이자고 (태종에게) 청했다.

7. 1) ㉠ 圓光法師 ㉡ 貴山等

   2) 삼다

8. 事君以忠, 事親以孝, 交友以信, 臨戰無退, 殺生有擇

9. ① 수염 ② 잠깐 ③ 모름지기 ④ 필요하다

10. ① 주어: 若, 목적어: 之 ② 주어: 國人, 목적어: 君

    ③ 주어: 安市人, 목적어: 帝旗蓋 ④ 주어: 人, 목적어: 人

2. 역사와 인물 ❷

해석 연습

1. 강감찬은 흥화진에 이르러 기병 1만 2천 명을 뽑아서 산골짜기 가운데 매복하게 하고, 큰 끈으로 소가죽을 꿰어 성동천을 막고서 기다리더니, 도적(적병)이 이름에 막은 것을 터놓고 매복한 병사를 일으켜

크게 쳐부수었다.

2. 을지문덕이 사신을 보내어 거짓으로 항복하니, 적장 우문술이 병사가 지쳐서 다시 싸울 수 없음을 보고, 드디어 그 속임수에 따라 (본국으로) 돌아가므로, 을지문덕이 군사를 내보내어 사방에서 치니, 우문술 등이 한편으로 싸우기도 하고 한편으로 도망가기도 하여 살수에 이르게 되었다.

연습 문제
1. ① 명사, 동사, 전치사 ② 부사, 동사, 대명사
2. 1) ③
   2) ①, ④
3. ① 卽位 ② 輪對 ③ 集賢殿
4. ① 매일 사경四更이면 옷을 입다.
   ② 날이 훤하게 밝으면 조회를 받다.
   ③ 조금도 게을리 하지 않았다.
   ④ 즐거워하면서 싫어하지 않았다.
5. 1) ②
   2) 몸소 화살과 탄환을 무릅쓰고, 있는 힘을 다해 싸우다.
   3) 뜻: 맞다, 품사: 동사
6. ① ⓑ, ⓛ ② ⓢ, ⓡ
7. ① 兢 → 競 ② 護 → 獲 ③ 澤 → 擇 ④ 張 → 帳
8. ②, ③, ⑥, ⑦
9. ⓡ, ⓒ, ⓖ
10. 1) 역접
    2) 몰래 돕는다.
    3) 於

3. 소설小說 _____

해석 연습
세상이 모두 맹상군이 선비를 잘 얻어 선비들이 이 때문에 그에게 돌아가서 마침내 그들의 힘에 의지해서 호랑이·표범 같은 진나라에서 벗어났다고 일컫는다. 아아, 맹상군은 다만 닭소리 내고 개 짖는 소리 흉내 내는 도둑들의 영웅일 뿐이니 어찌 선비를 얻었다고 말할 수 있겠는가. 그렇지 않다면 제齊나라의 강력함을 오로지하여 한 선비만 얻더라도 마땅히 남면南面해서 진秦나라를 제압할 수 있었을 것이니, 오히려 어찌 닭소리 내고 개 짖는 소리 흉내 내는 자들의 힘을 취할 것이었겠는가? 닭소리 내고 개 짖는 소리 흉내 내는 자들이 그 문에서 나오는지라, 이것이 선비가 이르지 않은 까닭이다. (참된 선비가 그에게 모이시 않는다는 뜻)

연습 문제

1. ① 讀書 ② 亂雜 ③ 荒涼 ④ 屋宇

2. 1) ④

   2) 어찌 옥중 신세가 되었겠는가.

3. ⓒ, ⓛ, ⓔ, ⓜ, ⓖ

4. ① 누구를 의지하며, 누구를 믿을 것인가.

   ② 내 한 몸도 구할 겨를이 없는데 하물며 남을 위해 근심하랴.

   ③ 하늘에서 내려왔는가, 땅속에서 솟아났는가.

   ④ 흰머리를 긁으며 누런 나뭇잎을 향하여 혼자 앉아 있다.

5. 1) 漢陽中誰最富

   2) 인사하는 것

   3) 원컨대 그대로부터 만금을 빌고자 합니다.

6. ① 후치사 ② 대명사

7. 1) 아직 ~에 있다

   2) 與

   3) 부사

8. ㉠ 버리다, ㉡ 손을 들어 올리다, ㉢ 구부리다.

9. ① 편안하다 ② 편안하게 하다 ③ 어디에 ④ 어찌

10. 1) 주어: 月梅, 목적어: 春香

    2) 來矣來矣

    3) 접속사

    4) 아

    5) 근심에 싸인 속에서 기쁨을 띠며 말하기를

    6) 乎

4. 정음正音**과 시가**詩歌_____

해석 연습

1. 대장부 세상에 처處함이여, 뜻을 쌓음이 마땅히 뛰어나야 하도다.

   때가 영웅을 만드는가, (오히려) 영웅이 때를 만들도다.

   북풍의 그 차가움이여! 내 피는 뜨겁도다.

   분하고 슬퍼 한번 감이여, 반드시 쥐새끼 같은 도적을 죽이리로다.

   모든 우리 동포들이여, 힘써 일함을 잊지 마세.

   만세, 만세, 대한 독립 만세.

2. 훨훨 나는 꾀꼬리, 암수 서로 다정하고나.

외로워라, 이 몸이여. 뉘와 더불어 돌아갈꼬.

연습 문제

1. ①

2. ①—④, ②—⑧, ③—⑦, ⑤—⑥

3. 1) ②

   2) ①

4. ① 마침내 그 뜻을 퍼지 못하는 사람이 많다. ② 어리석은 백성이 말하고자 하는 것이 있다.

5. 事大, 事君以忠 등

6. ㉠ 대명사, ㉡ 대명사, ㉢ 부사, ㉣ 부사, ㉤ 전치사, ㉥ 조사

7. ① ㉡ ② ㉣ ③ ㉢ ④ ㉠

8. 1) ㉠ 품사:부사, 뜻: 비록 ㉣ 품사: 동사, 뜻: 살피다

   2) ㉡ 하늘을 공경하고 백성을 부지런히 돌보시다. ㉢ 대대로 이어지는 왕들

9. ① 충성스러운 말은 귀에 거슬린다.

   ② 푸른색은 쪽빛에서 나왔으나, 쪽빛보다 푸르다.

   ③ 만승의 나라가 조나라에 포위되었다.

10. 1) ②

    2) 2 1 3 4 5 6

5. 야담對談·기화奇話 -

해석 연습

스님 유정惟政의 호는 송운松雲이다. 임진왜란 후에 의승장義僧將되어 영남嶺南에 진을 치고 있었는데, 저들의 장수 청정淸正이 서로 만나보기를 요청하였다. 송운이 왜군의 진영으로 들어가니 적의 무리가 몇 리나 늘어서 있어서 창과 칼이 마치 묶어놓은 듯하였지만 송운은 두려워하는 기색이 없었고, 청정을 만나서는 조용하게 담소하였다. 청정이 송운에게 묻기를, "귀국에는 보물이 있는가?" 하니 송운이 대답하기를, "우리나라에는 다른 보물은 없고, 다만 그대의 머리를 보물로 여긴다" 하였다. 청정이 말하기를, "무슨 말인가?" 하니 대답하기를 "우리나라가 그대 머리에 황금 천 근과 만가萬家를 걸었으니 (그대 머리는) 보물이 아니고 무엇인가?" 하였다. 청정이 크게 웃었다.

연습 문제

1. ① 부사 ② 형용사 ③ 조사 ④ 동사

2. ① 談笑 ② 規模 ③ 微賤 ④ 政丞

3. 1) 주어+술어+목적어

   2) 술안주를 하다.

4. ① 何, 而 ② 遠, 無

5. ②

6. ① 蓄 → 畜 ② 檢 → 儉

7. 怪, 曰, 附, 語

8. 1) ㉠ 형을 사랑하기를 매우 돈독히 하다. ㉡ 문득 형을 꺼리는 마음이 생겼다.

   2) ①

   3) ④

9. 품사: 형용사, 뜻: 옳다

10. 1) 黃喜, 田夫

    2) 相國

    3) ㉠ 미천할 때에 ㉡ 농부가 두 마리의 소에 멍에를 하여 밭갈이하는 것을 보다. ㉢ 낫다.

6장 실제

1. 한시漢詩: 오언절구五言絶句

해석 연습

1. 봄 물은 사방의 못마다 가득하고
   여름 구름은 기이한 봉우리에 많네.
   가을 달빛은 밝은 빛을 떨치고
   겨울 산마루는 외로운 소나무만이 빼어났네.
2. 여관의 등불 꺼지지 않는 밤
   외로운 성에 가랑비가 내리는 가을
   임을 생각하는 마음 다함이 없어
   천리 큰 강이 흐르는 듯

연습 문제

1. 1) ㉠
   2) 곳곳에 새 지저귀는 소리 들린다.
2. ① 하다 ② 삼다 ③ 되다 ④ ~위하여
3. ① ㉣ ② ㉢ ③ ㉥ ④ ㉠
4. 1) 결구結句
   2) ㉠ 애써(詩歌를) 읊다, ㉡ 세상 길, 즉 세상
   3) ③
5. ① ~이다 ② 옳다 ③ 바르게 하다 ④ 이
6. ① 參照 ② 原稿 ③ 出版 ④ 刊行
7. 구름은 돌아가고 산만 서 있다.
8. ① 세 살 때의 버릇이 여든까지 간다.
   ② 천하에 물보다 더 부드럽고 약한 것이 없다.
   ③ 뱀의 발을 믿던 사람은 마침내 그 술을 잃고 말았다.
9. 1) ㉡
   2) 부사
10. ㉡, ㉢, ㉥

2. 한시漢詩: 칠언절구 七言絶句

해석 연습

맑은 강 한 굽이 마을 안아 흐르고
긴 여름 강 마을엔 일마다 고요하다.
절로 가고 절로 오는 것은 집 위 제비요
서로 친하고 서로 가까운 것은 물 가운데 갈매기로다.

연습 문제

1. ③
2. ①-②, ②-②, ③-②, ④-①
3. 1) 七言絶句
   2) 마음은 저절로 한가롭다, 인간세상
   3) 余
4. ① 信賴 ② 殘忍 ③ 放恣 ④ 缺陷 ⑤ 悔改
5. ① 사람이 앞일을 헤아려 생각하지 않으면 반드시 머지않아 근심이 있다(생긴다).
   ② 나라를 가진 자는 삼가지 않을 수 없다.
   ③ 천하에 단지 이 사람이 있을 뿐이다.
6. ②
7. 1) 成, 輕, 聲
   2) ① 음: 이, 뜻: 쉽다 ② 음: 이, 뜻: 이미
   3) 짧은 시간
8. 1) ① 개다, 동사 ② 언덕, 명사 ② 슬픈, 형용사
   2) 南浦
   3) 大同江
9. 풀빛이 짙다.
10. ① ② ⑦ ③ ② ④ ⑦ ⑤ ⑩ ⑥ ② ⑦ ② ⑧ ②

3. 사辭·부賦

해석 연습

나라에서 학교를 설립하여 선비를 양성하는 것은 그 뜻이 매우 높다. 지금부터 여러 학생들은 날마다 쓰고 먹고 마심을 예의 속에서 기거동작하지 않음이 없고, 오직 힘써 새로워지고 서로 위로하고 격려하여 묵은 버릇을 썻어버리고, 들어와 부형을 섬기는 마음으로 미루어서 밖으로 나아가 웃사람 섬기는 예의를 삼는 데로 옮겨가며, 안으로는 충신忠信을 주로 삼고 밖으로는 겸손하고 공경함을 행하여서, 나라에서 문

文을 숭상하고 교화를 일으키며, 학교를 설립해서 선비를 양성하는 뜻에 부응하라.

연습 문제

1. 가정문: ②, ⑤ 의문문: ③, ④
2. 1) 새로 머리를 감은 사람은 반드시 갓을 털어서 쓰고, 새로 몸을 씻은 사람은 반드시 옷을 털어서 입는다.
   2) ⓛ 맑고 깨끗함 ⓒ 더러운 모양
3. ㉧, ㉨, ㉦, ㉠, ㉡, ⓞ, ㉣, ㉪, ㉫, ㉢
4. ① 차라리 ② 편안하다 ③ 어찌
5. ① 더불어 ② ~보다는 ③ ~과 ④ 조사(의문·반어의 뜻) ⑤ 주다
6. 1) ㉠ 가벼운 마음으로 편안하다, ㉡ 날마다 거닐다
   2) ①
7. ㉠ 전치사 ㉡ 동사 ㉢ 부사 ㉣ 접속사
8. ① 촉, 붙이다 − 속, 속하다 ② 사, 음식 − 식, 먹다
   ③ 부, 다시 − 복, 되풀이하다, 회복하다 ④ 악, 악하다 − 오, 미워하다
9. ① 16일 ② 물결은 일어나지 않았다. ③ 물빛은 하늘과 닿았다. ④ 날개가 돋쳐 신선이 되다.
10. ① 끝없이 ② 훨훨 ③ 훨훨

4. 서序·의議

해석 연습

사람이 세상에 태어나 학문이 아니면 사람이 되지 못하니, 학문이란 것은 또한 이상한 다른 사물事物이 아니다. 다만 아버지가 되어서는 마땅히 자애慈愛로워야 하고, 자식이 되어서는 마땅히 효도해야하고, 신하가 되어서는 마땅히 충성해야 하고, 부부夫婦가 되어서는 마땅히 분별이 있어야 하고, 형제兄弟가 되어서는 마땅히 우애友愛가 있어야 하고, 젊은이가 되어서는 마땅히 어른을 공경해야 하고, 벗이 되어서는 마땅히 믿음이 있어야 하니, 모두 날마다 쓰고 움직이고 멈추는 사이에 일에 따라 각기 그 마땅함을 얻는 데에 있을 뿐이다.

연습 문제

1. 1) ③
   2) ①
   3) ~과 같다.
   4) 즐거움이 얼마나 되랴.
2. 1) ㉠ 군계, 여러 동생들 ㉡ 영, 옳다 ㉢ 참, 부끄럽다
   2) 惠連, 康樂.

3. 1) ②, ④, ①, ③

  2) 거, 수레

  3) 육지로 천리를 가는 것도 배로 만 리를 가는 것보다 편리하지 못하다.

4. ① 옛사람이 촛불을 켜고 밤까지 놀던 것은 진실로 까닭이 있어서이다.

  ② 그윽한 감상이 끝나지 않고 고상한 담론은 맑아지다.

  ③ 만약 시를 못하면 벌주는 금곡의 잔 수대로 하리라.

  ④ 나라 안의 이로움을 다하더라도 오히려 부족할까 걱정된다.

5. 표表

해석 연습

무왕이 태공에게 물어 말하기를 "장수의 도에 대해 논한다면 어떠합니까?" 태공이 말하길 "장수에게는 다섯 가지 재질이 있습니다." 무왕이 말하길 "감히 그 조목을 묻습니다." 태공이 말하길 "이른바 다섯 가지 재질이란 것은 용맹과 지혜와 어짊과 신의와 충성이니, 용맹하면 범할 수가 없고, 지혜로우면 어지럽힐 수 없고, 어질면 사람을 사랑하고, 신의가 있으면 사람을 속이지 않고, 충성스러우면 두 마음이 없습니다."

연습 문제

1. 1) ㉠ 부사, 모두 ㉢ 부사, 마땅히 ㉣ 동사, 밝히다

  2) ㉡ 선한 사람을 올려주고, 악한 사람을 벌주는 것 ㉢ 차이를 두어서는 안 된다. ㉣ 간악한 짓을 하여 죄를 범한 자

  3) 宮中, 府中

2. 1) ㉠ 가려 뽑다 ㉢ 생각건대 ㉤ 모자라는 점을 도와 보충한다. ㉣ 널리 이익되는 바가 있다.

  2) ③

  3) 侍 , 等

3. 1) 臣 , 侯

  2) ㉠ 몸소 밭 갈다 ㉡ 비천한 것, 신분이 낮음 ㉢ 귀한 사람이 몸을 굽힘

  3) 三顧草廬

4. ① 충성스런 무사武士가 밖에서 몸을 돌보지 않는다.

  ② 소인을 가까이 하고 어진 신하를 멀리 함, 이것이 후한後漢이 기울어 무너진 까닭이다.

  ③ 한漢 황실皇室이 융성해질 날을 날짜를 꼽으며 기다릴 수 있다.

  ④ 마땅히 삼군三軍을 격려하고 거느려서 북쪽으로 중원中原을 평정해야 할 것이다.